PETIT DICTIONNAIRE DES CITATIONS QUÉBÉCOISES

DU MÊME AUTEUR

Sommes-nous des Métis ? Non !
Montréal, janvier 1938. Conférence.

L'île Sainte-Hélène et son histoire / St. Helen's Island Park
Commission métropolitaine de Montréal, pour le ministère du Travail du Québec, Montréal, 1938. Monographie.

Le moulin du Gros-Sault
Les Éditions Archonte, Bordeaux (Montréal), 1939. Monographie.

Que sont-ils devenus ?
Éditions Princeps, Montréal, 1939. Entrevues.

Chénier l'opiniâtre
Collection « Les Anciens », Institut de la Nouvelle-France, Montréal, 1943. Biographie.

Catalogue du Château des Gouverneurs
Sorel, 1943. Inventaire de musée.

Jubilé d'or religieux de Saint-Joseph de Bordeaux
Bordeaux (Montréal), 1945. Monographie.

L'Album des Deux-Montagnes / The Two Mountains' Album
Saint-Eustache, 1958. Monographie.

L'Hôtel du Tourisme / Tourist House
Extrait du *Bulletin du ministère du Tourisme, de la Chasse et de la Pêche du Québec*, oct.-nov. 1964.

La France des Québécois
Éditions internationales Alain Stanké, Montréal, 1980. Recherches en France. Grand Prix littéraire du tourisme 1980 (France).

Il y a toujours une première fois
Éditions internationales Alain Stanké, Montréal, 1984. Éphémérides.

Les Douglas de Montréal
Extrait de la revue *Le Bugey*, Belley, Ain, France, 1984. Biographies.

Québécoises d'hier et d'aujourd'hui
Éditions internationales Alain Stanké, Montréal, 1985. Biographies.

Bacchus sur nos bords
Extrait de *L'histoire de l'alcool au Québec*. Éditions internationales Alain Stanké, Montréal, 1986. Pour la Société des alcools du Québec.

Robert Prévost

PETIT DICTIONNAIRE DES CITATIONS QUÉBÉCOISES

LIBRE EXPRESSION

Prévost, Robert, 1918-
Petit dictionnaire des citations québécoises

ISBN 2-89111-342-X

1. Canada — Histoire — Citations, maximes, etc. 2. Hommes politiques — Canada — Citations. 3. Hommes d'État — Canada — Citations. I. Titre.

FC164.P73 1988 971 C88-096072-8
F1026.P73

Près d'une quarantaine de croquis ornent les pages de ce livre. Ils sont tous de la plume de Charles W. Jefferys, un artiste qui s'était consacré à l'illustration documentaire, tant par le dessin que par la peinture, de l'histoire de notre pays. On reconnaît notamment la minutie avec laquelle il a reconstitué la vie quotidienne des petites gens.

Vers 1950, la Compagnie pétrolière Impériale acheta ses œuvres pour en constituer une collection permanente à l'intention des éducateurs, puis elle en fit don à la Galerie nationale.

En couverture, Jefferys évoque le souvenir du grand tribun que fut Louis-Joseph Papineau, dont les historiens ont si justement vanté l'éloquence conquérante.

Maquette de la couverture: France Lafond

Photo de la couverture et photos intérieures: Archives nationales du Canada

Photocomposition et mise en pages: Typoform inc.

Dépôt légal: 4e trimestre 1988

ISBN 2-89111-342-X

Avant-propos

L'Esprit ne meurt pas, le livre le perpétue.
Rex Desmarchais

La plupart des mots historiques, prétend-on, n'ont jamais été prononcés. Il en est sûrement un certain nombre, en tout cas, que l'on a attribué à des personnages célèbres davantage pour illustrer leur tempérament que par souci d'exactitude. Comme quoi la littérature ne s'orne pas que de figures de style: elle a des images... d'Épinal.

On ne prête qu'aux riches, c'est bien connu, notamment dans le cas des bons mots. Armand Lavergne, dont la subtilité et la vivacité d'esprit sont demeurées légendaires, n'a-t-il pas été crédité, au fil du temps, de pointes d'humour jaillies pourtant de la spontanéité de collègues ou d'adversaires qui partageaient avec lui les tréteaux des assemblées contradictoires?

Il n'en est pas autrement pour les redondances. Le champion, en ce domaine, pense-t-on généralement, fut Jacques de Chabannes, maréchal de France, qui serait un parfait inconnu s'il n'avait été seigneur de... La Palice. Pour célébrer sa vaillance au combat, des soldats composèrent une chanson qui se terminait par deux vers dont la naïveté a survécu à l'oubli: *Un quart d'heure avant sa mort / Il vivait encore*. Et c'est ainsi que depuis l'au-delà, il a vu l'Académie accueillir le mot *lapalissade* tellement on le croit responsable d'affirmations dont l'évidence, cousue de fil blanc, prête à rire. Le héros du désastreux siège de Pavie eût sans doute préféré survivre dans la mémoire collective par ses mérites plutôt que par la candeur admirative de ses hommes.

Le présent recueil ne souhaite pas se faire l'écho de racontars sublimés. À la faveur de recherches s'étalant sur un demi-siècle, l'auteur a noté les citations qui se présentaient à son attention; c'est le fruit de cette quête qu'il vous offre aujourd'hui.

Bien sûr, il n'était pas à Québec, le 16 octobre 1690, lorsque le comte de Frontenac reçut l'émissaire de Phipps et lui dit qu'il n'avait pas d'autre réponse à la sommation de son amiral que par la bouche de ses canons. Cependant, le baron de La Hontan a été le témoin oculaire de l'entrevue, et c'est lui qui rapporte le plus célèbre des mots historiques de notre patrimoine.

La plupart des citations qu'évoque ce recueil, si elles n'ont pas été effectivement *dites*, ont été *écrites*, ce qui témoigne de leur authenticité.

Et si le lecteur y trouve l'occasion de constater une fois de plus que les figures de proue de notre histoire, les pionniers qui ont bâti nos lignées, les administrateurs qui ont géré la vie quotidienne de nos aïeux, les politiques qui ont guidé nos premiers pas vers la liberté, les apôtres qui ont mis en terre le germe de leurs convictions, les militaires qui ont épousé les causes du loyalisme et de l'indépendance — que ces figures de proue, avant d'être immortalisées dans le bronze, ont été des êtres de chair et de sang, l'auteur aura atteint son objectif.

Robert Prévost

ADMIRATION

Je regarde cette œuvre comme l'une des plus grandes qui se soient faites depuis quinze cents ans.

Vincent de Paul, au sujet des missions du Canada

En 1632, le traité de Saint-Germain-en-Laye rétrocède à la France sa lointaine colonie américaine. Dans le domaine de la prise de possession du sol, les premiers balbutiements font place à l'arrivée de contingents de pionniers, surtout grâce à Robert Giffard.

Depuis longtemps, les missionnaires s'emploient, par leurs semences évangéliques, à récolter des catéchumènes auprès des premiers occupants. Le moment est venu de doter la Nouvelle-France d'institutions qui prendront soin des corps et formeront l'intellect tant des filles et des fils des immigrants européens que des autochtones. En 1639 arriveront les premières religieuses hospitalières et ursulines.

Les missionnaires jésuites souhaitaient depuis quelque temps que de vertueuses dames de la société fussent à l'écoute de leurs sollicitations. Mais, même en France, la misère faisait appel à leur générosité. *Il y a des Dames dans Paris*, gémit le père Paul Le Jeune, *qui emploient tous les ans plus de mille francs en leurs menus plaisirs*. Il se demande si elles ne rougiront pas de honte devant Dieu quand elles devront *rendre compte des biens dont Il les a faites économes*.

Mais, au même moment, Vincent de Paul s'employait, à Paris, à fonder ses *charités*. Il donnait priorité au soulagement des misères physiques plutôt qu'à la formation des esprits. Le père Le Jeune recherchait quelque mécène qui voudrait doter la Nouvelle-France d'une maison de religieuses. Déjà, certaines communautés envisageaient d'y envoyer de leurs filles, *des vierges tendres et délicates prêtes à jeter leur vie au hasard*, écrivait le missionnaire.

Ce fut l'une des collaboratrices de Monsieur Vincent, Mme de Combalet, future duchesse d'Aiguillon, qui consentit à assurer la fondation d'un Hôtel-Dieu à Québec. Les premières hospitalières arrivèrent en 1639, en même temps que les premières ursulines, celles-ci grâce à la générosité de Mme de la Peltrie.

Si Monsieur Vincent concentrait toute son attention sur des œuvres de l'intérieur, il n'en suivait pas moins avec intérêt celle des missions du Canada. En 1652, il écrivait au sujet de celle-ci: *Je regarde cette œuvre comme l'une des plus grandes qui se soient faites depuis quinze cents ans*.

L'une des *charités* de Vincent de Paul s'exerçait dans la paroisse Saint-Sulpice, à Paris, et la duchesse d'Aiguillon en était la présidente. Or, Jean-Jacques Olier, alors curé de Saint-Sulpice, était le véritable fondateur de Montréal, de sorte que le futur saint était bien au fait des tribulations de cet avant-poste de Ville-Marie. Ce fut d'ailleurs lui qui reçut le dernier soupir de M. Olier, le 2 avril 1657.

Une plaque de marbre, dans l'église Saint-Sulpice, rappelle que Vincent de Paul appuyait de ses conseils celui qui avait également jeté les bases de la congrégation de Saint-Sulpice.

Cette lettre a plus de suc que de paroles.

Barthélemy Vimont, au sujet d'Isaac Jogues

En août 1642, douze canots quittent Québec et remontent le Saint-Laurent. Parmi la quarantaine de personnes qui y ont pris place se trouvent le missionnaire Isaac Jogues et les *donnés* Guillaume Couture et René Goupil.

En amont des Trois-Rivières, un parti d'Iroquois fond sur les voyageurs, la plupart hurons. Les trois Français, conduits dans les villages des Agniers, y sont reçus par une bastonnade. Ils subiront ensuite les tortures les plus indescriptibles.

Les *Relations des Jésuites* rapportent les sévices dont le missionnaire fut l'objet. *Les Hiroquois le traisnerent en leur pays auec des cris et des huées de Demons qui emportent leur proye; il fut salué de cent bastonnades à l'entrée de la Bourgade où il fut premierement conduit; il n'y eut fils de bonne mere qui ne iettast la patte ou la griffe sur cette pauure victime: les vns le frappoient à grands coups de cordes, d'autres à coups de bastons, les vns luy tiroient et emportoient les cheueux de la teste, les autres par derision luy arachoient le poil de la barbe. Vne femme, ou plus tost une Megere, luy prend le bras et luy coupe, ou plus tost luy scie auec un cousteau, le poulce de la main gauche: elle fait vn cerne et s'en va rechercher la iointure, auec moins d'industrie, mais auec plus de cruauté qu'vn boucher n'en exerceroit sur vne beste morte; bref elle luy descharne et enleue tout le gros du poulce. Vn autre luy mord vn des doigts de la main droite, offense l'os, et rend ce pauure doigt perclus et inutile; d'autres lui arrachent les ongles, puis mettent du feu sur l'extremité de ces pauures doigts despoüillés pour rendre le martyre plus sensible.*

Et la description des tortures continue. *Le pauure Pere n'eut point d'autre Medecin ny d'autre Chirurgien que la patience, point d'autre vnguent que la douleur, point d'autre enueloppe que l'air qui enuironnoit ses playes.*

Le missionnaire survit pourtant à ces atrocités: on le réserve pour les gros travaux. Trois lettres qu'il parvient à écrire et qu'il confie sans doute à des Hurons susceptibles de tromper la vigilance de leurs gardiens n'atteindront pas leur destination. Une quatrième, cependant, révélera les détails de sa captivité. Le père Jogues baptise plus de soixante catéchumènes, *plusieurs desquels sont arriuez au Ciel*.

Cette lettre, écrit le père Vimont, *a plus de suc que de paroles ; la tissure en est excellente, quoy que la main qui en a formé les characteres soit toute dechirée ; elle est composée d'vn stile plus sublime que celuy qui sort des plus pompeuses écoles de la Rhetorique*.

Ce sont les Hollandais d'Orange (Albany) qui obtiendront sa libération. René Goupil a été assassiné. Quant à Couture, il parvient à gagner le respect et la confiance des Agniers au point d'en devenir une sorte d'ambassadeur.

Un plus digne événement était dû à leur courage.

Lévis, au sujet des troupes

Lorsque le brigadier François-Gaston de Lévis part pour la Nouvelle-France, en 1756, il sera, sous le marquis de Montcalm, le commandant en second des troupes régulières françaises en Amérique du Nord. Il aura d'ailleurs le triste devoir de succéder à son chef après la bataille des Plaines d'Abraham.

C'est un soldat chevronné dont le courage ne saurait être mis en doute. Il a fait la campagne du Rhin lors de la guerre de la Succession de Pologne, puis a participé à l'invasion de la Bohême pendant celle de la Succession d'Autriche; il n'est alors rentré en France qu'avec les lambeaux de quatre régiments français. Les campagnes se succèdent dans sa carrière : il sert en Haute-Alsace, puis dans le sud-ouest de l'Allemagne, enfin, en Italie. Sa bravoure et sa compétence s'imposent à l'attention de ses chefs.

Telle est la réputation dont jouit déjà le brigadier de Lévis quand il débarque à Québec le 31 mai 1756. Nous évoquons ailleurs les principaux jalons de ses états de services pendant la guerre de Sept Ans, notamment à l'occasion de la brillante mais inutile victoire de Sainte-Foy (fin avril 1760).

Quatre mois plus tard, la Nouvelle-France capitule, à Montréal. Le gouverneur de Vaudreuil a refusé à Lévis l'autorisation d'un dernier combat ; celui-ci juge humiliant de se rendre à l'ennemi avant même qu'il n'attaque la ville.

Outré, Lévis quitte Québec pour la France dès octobre. Il débarque à La Rochelle le 25 novembre et écrit le même jour au ministre de la Guerre, le maréchal de Belle-Isle, l'assurant que si la partie a été perdue, on ne saurait l'attribuer à un manque de courage de la part des troupes.

Les troupes de terre et de la colonie, assure-t-il, *méritent cet éloge qu'elles ont fait des prodiges de valeur, le 28 avril* (bataille de Sainte-Foy), *pour reprendre un avantage qu'elles auroient eu certainement si la bravoure tenoit lieu de moyens*. Elles ont tenu jusqu'à la fin, ajoute-t-il, *avec des peines incroyables* et s'il leur a fallu céder, c'était à cause de la supériorité numérique de l'ennemi et la concentration par celui-ci de trois armées pour des opérations combinées. Et encore ne fut-ce qu'après *s'être offertes à s'immoler*.

Cette fin était depuis longtemps prévisible : les Anglais faisaient la loi sur l'Atlantique, la France n'envoyait de renforts qu'au compte-gouttes et ses vaisseaux n'arrivaient que rarement à leur destination.

Lévis estimait que les troupes n'avaient pas reçu des vainqueurs l'attention qu'elles méritaient et il avait refusé de recevoir Amherst, le commandant ennemi, et de lui faire personnellement *les politesses usitées en semblable rencontre entre généraux*. Il ajoutait au sujet de ses troupes : *Un plus digne événement était dû à leur courage*.

Jamais sujets ne furent plus dignes des bontés de leur souverain.

Montcalm, au sujet de ses soldats

Il est incontestable que Montcalm jugeait les miliciens recrutés dans la colonie comme inférieurs aux soldats réguliers. Comment le lui reprocher?

Certains prétendront que c'était de la discrimination, compte tenu des profondes divergences qui existaient entre lui et le gouverneur de Vaudreuil, premier fils de la Nouvelle-France à occuper ce poste prestigieux.

Mais les régiments venus de France obéissaient à une implacable discipline et possédaient un entraînement de niveau professionnel. Les Canadiens devaient partager leur temps entre les exigences du service militaire et la mise en valeur de leurs exploitations agricoles: comment auraient-ils pu devenir des soldats aguerris?

Ce qui ulcérait le commandant en chef était beaucoup plus la sourde oreille que Versailles prêtait à ses demandes de renforts que le dévouement des Canadiens. Mais les ministres de Sa Majesté avaient d'autres priorités, notamment, semble-t-il, rien de moins qu'un débarquement... en Angleterre.

Quand, en 1759, la flotte anglaise remonte le Saint-Laurent et se prépare au siège de Québec, de combien d'hommes Montcalm dispose-t-il pour défendre la Nouvelle-France dans ses derniers retranchements? D'environ quinze mille.

Oui, et là-dessus, il reste à peine trois mille soldats dans les bataillons de ligne; les autres sont surtout des miliciens (la majorité), des *sauvages* et des marins.

Lorsque, le 26 juin 1759, les Anglais débarquent à l'île d'Orléans, tels sont les effectifs dont dispose Montcalm. Or, les miliciens, ce sont les hommes capables de faire le coup de feu, âgés de seize à... quatre-vingts ans!

On avait demandé au commandant en chef de conserver un pied au Canada *à quelque prix que ce soit*. Il devait lui-même en payer le prix: celui de sa propre vie. *Je ferai tout pour sauver la colonie, ou je mourrai*, n'avait-il pas répondu?

Au cours des semaines qui suivirent, soldats et miliciens durent s'acquitter d'opérations ponctuelles afin de faire échec à des tentatives de débarquement, les Anglais souhaitant établir des têtes de pont en haut et en bas de Québec, afin d'écraser la ville dans un étau, puisque c'eût été folie, pensaient-ils, de monter à l'assaut du cap Diamant. Bougainville, pour sa part, avait reçu la mission de protéger les dépôts de munitions et de nourriture constitués près de l'embouchure de la rivière Jacques-Cartier.

Soldats et miliciens français parvinrent à contenir l'ennemi. Pourtant, les forces anglaises comptaient sur neuf mille réguliers et quatorze mille marins. Aussi Montcalm ne pouvait-il qu'admirer la résolution de ses hommes. *Jamais sujets ne furent plus dignes des bontés de leur souverain*, devait-il écrire.

On sait le reste: ce fut par l'anse du Foulon, là où on les attendait le moins, que surgirent les Anglais, le matin fatidique du 13 septembre, pour déboucher sur les Plaines d'Abraham.

Il est mort d'une manière digne de ses troupes et de lui-même.

William Pitt, au sujet de Montcalm

Louis-Antoine de Bougainville, qui allait plus tard devenir le premier Français à réussir un voyage de circumnavigation, à bord de *la Boudeuse*, ce qui lui valut le rare honneur de reposer au Panthéon, fit toute la guerre du Canada aux côtés de Montcalm, tout d'abord en qualité d'aide de camp du général, puis d'aide-maréchal des logis, enfin, de colonel des troupes.

Après la capitulation de la Nouvelle-France, il rentre dans la métropole. Dès lors, il entreprend des démarches pour qu'un hommage mérité soit rendu à la mémoire du grand vaincu des Plaines d'Abraham.

Bougainville compte d'excellents amis en Angleterre: il a été secrétaire de l'ambassade de France à Londres, et la Société royale l'a admis dans ses rangs. Par ailleurs, un traité qu'il a signé à l'âge de vingt-cinq ans sur le calcul intégral a suscité l'intérêt de l'Académie des Sciences de son propre pays. Par le truchement de son frère, Jean-Pierre, il a ses entrées à l'Académie des Inscriptions et Belles-Lettres. Celui-ci, d'ailleurs, savant reconnu, devait aussi être admis à l'Académie française.

Dès son retour, donc, Bougainville soumet à la première de ces académies un projet d'épitaphe. Montcalm, explique-t-il, *a vécu trop peu pour sa patrie, assez pour sa propre gloire*. Il prie les membres du savant aréopage de prêter leur voix *à la juste douleur des troupes qu'il commandait, aux regrets amers des Canadiens qu'il a défendus, et aux sentiments que lui doit à jamais sa nation*.

L'inscription qu'il parraine, c'est à Québec qu'il souhaite la faire ériger. N'est-ce pas là, d'ailleurs, qu'ont été déposés les restes du général, dans un cercueil fabriqué à la hâte et dans un trou de bombe, chez les ursulines?

Peu avant la fin de mars 1761, à peine plus de six mois après la capitulation de la Nouvelle-France, il écrit au premier ministre de l'Angleterre, William Pitt, pour solliciter son approbation. Il souhaite que le roi autorise le général Murray, gouverneur militaire de Québec, à recevoir l'inscription gravée dans le marbre et à la faire placer dans la chapelle des ursulines. *Les hommages rendus sous votre ministère à la mémoire de M. Wolfe*, souligne Bougainville, *me font un garant que vous ne désapprouverez point les efforts que fait la reconnaissance des troupes françaises pour perpétuer le souvenir du marquis de Montcalm*.

La réponse ne se fait pas attendre: Pitt la signe le 10 avril. Le premier ministre lui transmet *l'agrément du roi*. Il ajoute: *On ne peut qu'applaudir à la noblesse des sentiments des troupes françaises qui ont servi en Canada, en voulant rendre un pareil tribut à la mémoire de leur général, qu'elles ont vu mourir à leur tête d'une manière digne d'elles et de lui-même*.

Heureuse époque où même les ennemis savaient se conduire en gentilshommes! Ceci se passait près de deux ans avant la signature du traité de Paris.

Ils sont vainqueurs dans l'histoire.

Émile Vaillancourt, au sujet des patriotes de 1837-1838

Au début de mai 1941, le journaliste Émile Vaillancourt s'adressait aux cadets de West Point; c'était le premier Canadien de langue française invité à donner une conférence aux élèves de cette prestigieuse académie militaire.

Le thème qu'il avait choisi visait à démontrer que *la loyauté est chez nous une tradition sacrée à laquelle nous n'avons jamais failli.*

Certains purent s'étonner, soulignait-il, du changement si rapide d'allégeance des Canadiens, de la couronne de France à celle d'Angleterre, mais les facteurs qui amenèrent cette mutation, avançait-il, étaient à peu près semblables à ceux qui, en France, transformaient une monarchie en république.

Le conférencier évoquait ensuite les principaux jalons de la loyauté découlant de la nouvelle allégeance, rappelant, avant de terminer, que la première unité de l'armée canadienne à compléter son effectif depuis le commencement de la guerre qui menaçait alors la démocratie avait été un régiment de Montréal, le Maisonneuve, entièrement composé de Canadiens francophones. *Je m'enorgueillis*, remarquait-il, *d'être le commandant honoraire du Corps-École des officiers de l'Université de Montréal, composé de trois mille cadets, tous canadiens-français pur sang.*

Mais alors, comment cette loyauté historique avait-elle pu s'accommoder de ce soulèvement de 1837-1838 qui a toujours été source de controverse chez les historiens? Sans doute Émile Vaillancourt avait-il prévu que son auditoire se poserait la question, celui-ci se composant dans une importante mesure de descendants des colons anglais qui avaient allumé le flambeau de la révolution américaine.

Ce qui survint en 1837, dit-il, ce fut un incident comparable à celui qui provoqua en Angleterre la chute des Stuarts: un conflit entre le peuple et le pouvoir exécutif. Il rappela qu'à la suite de cette période troublée, *plusieurs des nôtres furent vaincus sur l'échafaud; mais, Dieu merci, ils sont vainqueurs dans l'histoire.*

Peu de temps après leur glorieux trépas, continua-t-il, *la reine Victoria donna au Canada un gouvernement à responsabilité ministérielle. C'est ainsi que les Canadiens français ont fondé le premier dominion, devenu, de l'aveu même de notre ancien vice-roi, lord Tweedsmuir, pays souverain, et de l'aveu de M. André Maurois, le germe du* British Commonwealth of Nations, *dont le précurseur, en amorçant par sa doctrine nationaliste le Statut de Westminster, fut un ancien journaliste de la Nouvelle-Angleterre né dans la province de Québec, feu Olivar Asselin, vétéran de la Guerre hispano-américaine et de la Première Guerre mondiale.*

En terminant, le conférencier citait l'éminent professeur Scott de l'université McGill. Celui-ci venait d'écrire que le nationalisme, longtemps l'apanage exclusif des Canadiens de langue française, gagnait un nombre croissant d'adhérents de langue anglaise. *Cette doctrine nationaliste de fondation canadienne-française et inspirée de nord-américanisme, a facilité la coopération des États-Unis et du Canada pour venir en aide à la Grande-Bretagne.*

Ils ont droit au sourire des vierges et à la bénédiction des vieillards.

Louis Veuillot, au sujet de nos zouaves

Au printemps de 1870, plus d'une centaine de jeunes Québécois, partis de Montréal deux ans plus tôt, rentraient chez eux après avoir servi dans les rangs des zouaves pontificaux. En passant par la France vers leur destination ultime, ils avaient été l'objet d'un accueil particulièrement chaleureux.

Aime Dieu et va ton chemin était la devise inscrite sur le drapeau des volontaires. Victor Richard de Laprade, membre de l'Académie française et réputé pour son inspiration lamartinienne et chrétienne, écrivit à leur intention un poème de quarante-huit alexandrins; le premier quatrain et le dernier procédaient de la noble devise:

Allez votre chemin, Français du Nouveau Monde,
Race de nos aïeux tout à coup ranimés,
Allez, laissant chez nous une trace féconde,
Offrir un noble sang au Dieu que vous aimez.
. . . .
Vous nous laissez heureux d'avoir reçu des frères,
Fiers d'avoir pu serrer votre royale main.
Dieu vous aime !... Il fera tomber les vents contraires.
Français du Nouveau Monde, allez votre chemin !

Une fois leur mission accomplie, ce fut un autre écrivain influent qui salua leur départ, Louis Veuillot, directeur du journal parisien *l'Univers*. De Rome, il écrivit à son journal, après avoir causé avec nos zouaves :

Ils vont rentrer comme ils sont partis, pieux et purs, dignes des embrassements de leurs mères et de leurs sœurs, dignes des couronnes civiques qui leur sont préparées. Que leurs concitoyens les reçoivent en triomphe : ils sont la gloire du peuple, ils ont droit au sourire des vierges et à la bénédiction des vieillards.

Défendant la grande patrie commune, continuait-il, *la nationalité-mère en qui vivent toutes les autres et qui garde la source du droit et de la liberté, ils ont bien mérité de la patrie particulière. La mort de Rome serait la mort des patries. Ils n'ont pas seulement défendu Rome, ils l'ont édifiée.*

L'Opinion Publique, un hebdomadaire de Montréal, qui rapportait l'appréciation de Veuillot, se montrait plus froidement pratique. *Il nous semble*, commentait-elle, *que les zouaves feraient acte de patriotisme et donneraient une fois de plus un noble exemple à la population en offrant immédiatement leurs services au gouvernement (...) Ces deux années passées au service du Pape n'ont fait que les mettre en état d'être utiles à leur patrie. La jeunesse canadienne marcherait bravement à leur suite et serait fière de combattre sous le même drapeau.*

Ces zouaves avaient laissé huit des leurs dans le cimetière de Saint-Laurent-hors-les-Murs, à Rome.

AMOUR

Quand les Canadiennes entreprennent un amant, il lui est difficile de n'en pas venir à l'hyménée.

Bacqueville de La Potherie

On met souvent en doute la véracité des témoignages que comportent les récits de voyages, mais Claude-Charles Le Roy, mieux connu sous le nom de Bacqueville de La Potherie, ne vint pas en Nouvelle-France pour un éphémère séjour : il y vécut plus de deux ans, occupant le poste de contrôleur de la marine et des fortifications. Non seulement eut-il le temps de regarder vivre les gens du pays, mais son *Histoire de l'Amérique septentrionale* démontre qu'il fut un observateur sagace.

Bacqueville de La Potherie arriva à Québec le 28 novembre 1698, le jour même du décès du comte de Frontenac. La vie sociale reprit son cours après ce deuil, et il eut sans doute tout le loisir, pendant ce premier hiver, de voir évoluer dans les salons les *personnes du sexe*.

Il note les festivités du premier de l'an. *On ne laisse pas de donner des repas magnifiques ; il y en a qui se font avec cérémonie et beaucoup de circonspection, où l'on choisit les personnes selon leur condition. On prie un jour les femmes d'officiers avec leur mari, les conseillers un autre, et la bourgeoisie y tient son rang. Les personnes du sexe de ce dernier état ont des manières bien différentes de celles de nos bourgeoises de Paris et de nos provinciales. On parle ici parfaitement bien, sans mauvais accent. Quoiqu'il y ait un mélange de toutes les provinces de France, on ne saurait distinguer le parler d'aucune dans les Canadiennes. Elles ont de l'esprit, de la délicatesse, de la voix et beaucoup de disposition à danser*. Et Bacqueville d'ajouter: *comme elles sont sages naturellement, elles ne s'amusent guère à la bagatelle, mais quand elles entreprennent un amant, il lui est difficile de n'en pas venir à l'hyménée*.

Bacqueville de La Potherie sait bien ce dont il parle. Luimême *entrepris* par Élisabeth de Saint-Ours, il devait succomber aux charmes de cette Canadienne de vingt ans, la fille de Pierre de Saint-Ours, l'un des premiers seigneurs de la vallée de la Richelieu. Les tourtereaux signèrent leur contrat de mariage par-devant le notaire Adhémar le 11 mars 1700.

L'été suivant, il acheta une terre et une maison dans la seigneurie de Saint-Ours : sans doute décida-t-il de s'y fixer à demeure. Pourtant, dès l'année suivante, il quitta la Nouvelle-France pour la Guadeloupe, où le roi lui donna la lieutenance d'une compagnie. Il ne s'agissait pourtant pas de véritable avancement. Problèmes de famille? Incompatibilité avec les autorités de la colonie?

Mais Bacqueville de La Potherie n'observa pas que la Canadienne. *Le Canadien*, note-t-il, *a d'assez bonnes qualités ; il aime la guerre plus que toute autre chose ; il est brave de sa personne, il a de la disposition pour les arts, et pour peu qu'il soit instruit, il apprend aisément, mais il est un peu vain et présomptueux*.

La Canadienne, elle, ne présumait pas trop de soi!

Je préférerais le plaisir de t'embrasser même à celui de battre Abercromby.

Montcalm, à son épouse

En 1756, le marquis de Montcalm quitte son hôtel particulier de Montpellier pour la Nouvelle-France. On lui a confié le commandement en chef des troupes en Amérique. Depuis plus de vingt ans, il participe à des opérations militaires. Il y a dix ans, il a survécu à la meurtrière bataille de Plaisance, en Italie, malgré cinq blessures, et, quelques mois plus tard, à celle de l'Assiette, où il a reçu une balle en plein front.

C'est donc à un stratège chevronné que Louis XV confie le sort de sa lointaine colonie, et il l'aurait sauvée si seulement il avait reçu un peu plus d'aide de Versailles.

Montcalm entretient une correspondance suivie avec son épouse et divers membres de sa famille. Il les tient au courant de l'évolution des campagnes. En 1758, c'est James Abercromby qui devient commandant en chef des forces britanniques en Amérique du Nord. Pour Montcalm, c'est donc l'ennemi à vaincre. Il n'a pas revu les siens depuis deux ans déjà, et ses lettres à la marquise s'empreignent de tendresse et de mélancolie.

Quand il apprend la nomination du général que Londres a choisi de lui opposer, Montcalm écrit à son épouse: *Je préférerais le plaisir de t'embrasser même à celui de battre Abercromby*.

Cette dernière satisfaction, il ne tardera pas à l'éprouver. Abercromby divise son armée en trois corps: l'un assiégera Louisbourg, le second tentera de prendre le fort Duquesne (Pittsburgh) et le troisième, qu'il commandera lui-même, envahira le Canada par le lac Saint-Sacrement (lac George) et Carillon (Ticonderoga).

La victoire de Carillon demeure le plus beau fleuron de la couronne de Montcalm. Au début de juillet (1758), Abercromby ouvre sa campagne avec six mille soldats réguliers et neuf mille provinciaux. Comme il s'approche du fort de Carillon, il constate que les Français — ils sont environ trois mille cinq cents — comptent s'abriter derrière un parapet hâtivement dressé au moyen d'arbres abattus. Sans attendre son artillerie, il ordonne l'assaut. C'est pour lui le désastre: il perd deux mille hommes!

Au lendemain de cette action d'éclat, le marquis écrit à sa mère ; il a fait ériger une croix sur le champ de bataille :

Chrétien ! ce ne fut point Montcalm et la prudence,
Ces arbres renversés, ces héros, leurs exploits,
Qui des Anglais confus ont brisé l'espérance,
C'est le bras de ton Dieu vainqueur sur cette croix !

Montcalm ne savait pas manier que l'épée ! Et si le destin lui donna tôt le plaisir de battre Abercromby, le sort des armes lui refusa celui de revoir son épouse.

ARROGANCE

Rendez-moi mon bateau et je défie tout ce qu'il y a de Français ici!

Le commandant général John Bridgar

En 1686, le gouverneur de Montréal décide de chasser les Anglais de la baie d'Hudson. Il confie cent hommes au chevalier de Troyes, dont une trentaine de soldats réguliers; les autres sont des Canadiens habitués aux missions *impossibles*. Trois fils de Charles Le Moyne sont de l'expédition, dont l'indomptable Pierre Le Moyne d'Iberville.

Il faut deux mois et demi pour atteindre la baie James, via le Témiscamingue, par un itinéraire haché de rapides affreux et d'épuisants portages. Premier objectif, le fort Monsoni. Quand la porte cède sous les coups de bélier, Iberville se jette à l'intérieur *l'espée en une main et le fusil en l'autre*, mais le lourd battant se referme derrière lui. Pendant qu'il *chamaille hardimant*, un autre assaut de l'extérieur rouvre la voie aux assaillants. La surprise est telle que ceux-ci trouvent les Anglais *tous en chemise*.

Il reste deux autres objectifs: les forts Rupert et Quichichouane. Le premier ne compte qu'une quinzaine d'hommes pour en assurer la défense; le deuxième en abrite une trentaine, et la garnison dispose d'une vingtaine de canons. Par ailleurs, juste avant l'arrivée de l'expédition à Monsoni, un voilier anglais a quitté le fort pour approvisionner les deux autres, en commençant par celui de Rupert. Le chevalier de Troyes décide de prendre tout d'abord ce dernier fort et, si possible, de s'emparer par la même occasion du bâtiment.

Soixante hommes participeront au coup de main, les autres devant assurer la garde de Monsoni. On suit de l'œil le *Success*, dont l'équipage ne se doute de rien. Ni la place ni le voilier ne sont gardés rapportent les éclaireurs.

Le 3 juillet (1686), le chevalier de Troyes dirige l'assaut du fort. Iberville, avec treize hommes tapis dans deux canots, monte à l'abordage du *Success*, une opération couronnée de... succès. Un premier matelot, endormi sur le pont dans sa couverture, n'a que le temps de recevoir une balle. Un second se rue sur Iberville, qui le couche d'un coup de sabre. Pendant ce temps, les Canadiens arrosent de leurs balles le dortoir de l'équipage.

À sa grande surprise, Iberville vient de faire prisonnier nul autre que John Bridgar, qui occupe depuis peu ses nouvelles fonctions d'adjoint au gouverneur du territoire de la baie d'Hudson.

Sans doute humilié de voir le voilier qui le porte abordé par deux canots : *Rendez-moi mon bateau*, s'écrie-t-il, *et je défie tout ce qu'il y a de Français ici* ! Mais il est trop tard pour rattraper la somnolence d'une fausse sécurité.

Le fort Quichichouane tombera ensuite après avoir subi une lourde canonnade, le *Success* n'étant pas arrivé assez tôt, et pour cause !

ASTUCE

Ils viennent en renards, combattent en lions et fuient en oiseaux.

Barthélemy Vimont, au sujet des Iroquois

Quiconque a appris l'histoire enseignée sur les bancs de la petite école sait évidemment que les Iroquois devinrent tôt les ennemis des Français. Comment l'expliquer? En 1609, Samuel de Champlain, sur les bords du lac qui portera plus tard son nom, accompagne un parti de Hurons, d'Algonquins et de Montagnais. Deux cents Iroquois se présentent. De part et d'autre, comme on est à la tombée du jour, le combat est remis au lendemain.

À l'aurore, c'est la rencontre. Champlain et deux compagnons révèlent à l'*ennemi* la prépondérance des arquebuses : trois chefs s'effondrent. C'est la débandade. Premier contact de ces naturels avec la *civilisation*. À vaincre sans péril...

C'est peut-être le seul reproche que les historiens aient formulé à l'égard du *Père de la Nouvelle-France*. Et encore faut-il, pour en juger, tenir compte de plusieurs facteurs. Mais ce n'est pas le moment de lui faire procès. Disons tout simplement que si la France avait abordé l'Amérique par l'Hudson plutôt que par le Saint-Laurent, la situation en aurait été inversée. Et puis, comment oublier que Hollandais, puis Anglais, pour exploiter au maximum le lucratif commerce des fourrures, avivèrent soigneusement le vitriol des conflits qui opposaient déjà les unes aux autres certaines tribus ou nations du Nouveau Monde.

En tout cas, beaucoup de pionniers, notamment chez les *Montréalistes*, payèrent de leur vie la rançon de ces affrontements.

Le jésuite Barthélemy Vimont assista à la fondation de Ville-Marie en mai 1642. Il était alors supérieur de sa communauté en Nouvelle-France et, de ce fait, tenait le pouls de la vie missionnaire dans la colonie. Les Iroquois n'avaient pas tardé à saisir la supériorité des arquebuses sur leurs carquois et, faisant... flèche de tout bois, les Agniers, l'une des cinq nations qui composaient leur fédération, s'étaient tout naturellement tournés vers les Hollandais. *Il n'y a en ceux-cy que trois villages, faisant enuiron sept ou huict cens hommes d'armes*, rapportait le père Vimont ; *l'habitation des Hollandois est proche d'eux, ils y vont faire leur traictes surtout d'arquebuses ; ils en ont à présent trois cents, et s'en seruent auec adresse et hardiesse.*

On devine les ravages que ces arquebuses hollandaises pouvaient exercer entre les mains de guerriers *qui viennent en renards, combattent en lions et fuient en oiseaux*, ainsi que l'écrivait le père Vimont.

Si les autochtones apprirent des Européens le maniement des armes à feu, ils leur enseignèrent, en retour, les techniques de l'embuscade et de l'escarmouche. Les soldats venus de France, habitués à se battre à découvert, formés à la discipline, ne pouvaient admettre le point de vue des miliciens recrutés dans la colonie qui, eux, connaissaient bien l'astuce des premiers occupants.

ATTACHEMENT

Nous sommes prêts à tout entreprendre à la première vue des Français.

Supplique de Bas-Canadiens à Napoléon Ier

En 1804, Bonaparte était sacré empereur des Français. Vers Napoléon Ier se tournèrent dès lors les espoirs de ceux des Canadiens qui rêvaient toujours d'un retour à la mère patrie.

La France et l'Angleterre avaient signé un traité en 1802. Il ne s'agissait en fait que d'une trêve, qui fut rompue dès l'année suivante. Les Bas-Canadiens demeurés fidèles au souvenir de l'ancien régime pensaient-ils possible que la colonie redevînt française à la faveur d'une paix prochaine?

En tout cas, le 27 messidor 1805, Jean-Baptiste Noreau atteint Bordeaux, porteur d'une pétition destinée à l'empereur, qu'il lui fait tenir par la poste, étant retenu par la maladie. Il a traversé l'Atlantique via New York. *Si vous désirez prendre des rensei-*

gnements sur l'état du Québec, écrit-il, *je me rendrai à Paris lorsqu'il vous plaira m'y appeler.*

Les signataires de la supplique affirment tout d'abord *les intentions bien prononcées du peuple canadien de retourner sous l'empire de la France et de porter de nouveau le nom glorieux de Français*. Ils ajoutent que l'on attendait des armes, mais que cet espoir fut trompé, et que leurs efforts pour secouer le joug des Anglais connaîtraient le succès *sous un bon général français pénétré de ses devoirs et guidé par l'honneur*.

Ils rappellent ensuite que des contacts ont été établis avec le consul de France à New York cinq ans plus tôt et ils joignent à leur requête copie d'une lettre reçue de lui.

Sire, concluent-ils, *nous attendons de votre sollicitude paternelle que la paix ne se fera pas sans que nous ayons repris le nom de Français canadiens. Nous sommes prêts à tout entreprendre à la première vue des Français, que nous regardons toujours comme nos frères.*

Agréez, Sire, les voeux ardents que nous adressons au Ciel pour le long règne de Votre Majesté. Recevez l'assurance de l'admiration que nous cause votre gloire et daignez accueillir l'hommage du dévouement sincère et du profond respect du peuple canadien.

La supplique, datée à Saint-Constant du 1er mars 1805, porte douze signatures, celles de... Pierre Trudo (Longueuil), Eustache Martin (Saint-Philippe), Louis Laplante (Saint-Constant), Jean Lefèvre (Châteauguay), Antoine Giraut (Belœil), Jean Léveillé (Mascouche), Charles Labarge (Châteauguay), Dauphin Dupuy (Saint-Constant), Joseph Landry (L'Acadie), Préjean et Ebrum (Châteauguay) et André Noreau (Longueuil).

Les originaux de ces documents existent toujours dans les archives diplomatiques du ministère des Relations extérieures, au quai d'Orsay, à Paris.

Quoique jeunes, nous savons apprécier le bonheur d'être Français, trop heureux de mériter par notre mort le plus glorieux des titres!

Deux Bas-Canadiens, à l'ambassadeur de France près Washington

Il est certain que les signataires de la supplique mentionnés ci-devant n'étaient pas les seuls à rêver d'un retour du Canada à la France.

En 1803, la France nommait un militaire prestigieux comme ministre plénipotentiaire auprès de Washington, le général Louis-Marie Turreau de Garanbouville. N'a-t-il pas été le commandant en chef de l'armée des Pyrénées-Orientales, puis de celle de l'Ouest, où il remplaçait nul autre que Marceau?

Il est généralement connu, et les Anglais eux-mêmes sont forcés d'avouer, écrivait-il, *que les Canadiens conservent un attachement sincère, religieux, inaltérable pour leur ancienne métropole. Le temps et l'absence totale de toute espèce de relations avec la France n'ont fait qu'irriter ce sentiment, et il est aujourd'hui trop profond pour que le Gouvernement britannique puisse espérer le détruire.*

On ne saurait douter de l'intérêt que les milieux diplomatiques français entretenaient à l'égard de ces anciens sujets. *J'étais à peine arrivé à Washington*, ajoutait-il, *qu'un Canadien, gros fermier et propriétaire, dont les biens sont situés sur la frontière du Canada et des États-Unis, vint me voir et m'entretint des espérances des Canadiens, en m'invitant à faire part au Gouvernement français des dispositions de ses concitoyens.*

Quelques mois plus tard, le ministre recevait de Newark, New Jersey, une lettre signée: *J. Perrault et Finlay de Gros-Pin, officiers canadiens*. Ceux-ci, visiblement, s'employaient à susciter ou à maintenir les liens affectifs des premiers occupants avec la France. *Nous, les envoyés des nations sauvages des Régions du Nord, arrivant en ce moment du Canada*, écrivaient-ils, *prenons la liberté d'informer Votre Excellence que ce fut le vingtième jour de la septième lune que, dans un conseil secret et général des Nations du Nord, assistées de leurs confrères les Canadiens, il fut résolu de déterrer cette hache meurtrière teinte si souvent du sang de l'Anglais et ensevelie qu'à la sollicitation de nos pères. Mais pour effectuer ce projet, il fallait obtenir l'appui du Régisseur de l'Univers.*

En conséquence, poursuivaient-ils, *il fut ordonné d'envoyer par devers les ministres représentant Sa Majesté impériale l'Empereur des Français notre père, demander passage au pied du trône de ce même père ; et là, à ses genoux, lui demander et tâcher d'obtenir son appui.*

Quelques semaines plus tard, les mêmes revenaient à la charge. Si jamais une *cause mérita d'être appuyée par la justice*, disaient-ils, *c'est celle des Canadiens*. Ils ajoutaient : *Quoique jeunes, nous savons apprécier le bonheur d'être Français, trop heureux de mériter par notre mort le plus glorieux des titres.*

Ceci se passait en 1806. Le général Turreau estimait qu'*aucune expédition de la France outre-mer ne présenterait plus de chances favorables que celle du Canada.*

Sommes-nous donc oubliés, nous qui n'oublions pas ?

Les Canadiens, selon Léon Ledieu

Dès sa fondation en 1884 par Trefflé Berthiaume, *le Monde Illustré* retint les services du journaliste Léon Ledieu, qui devait chaque semaine, pendant plus de quatorze ans, signer une *causerie* dans laquelle il commentait l'actualité. Il fut également de la première fournée des rédacteurs de *la Presse* de Blumhart. Faucher de Saint-Maurice le considérait comme *le premier chroniqueur du pays*.

À l'occasion du passage chez nous des délégués qui avaient participé à la première liaison maritime entre la France et le Canada, Ledieu salua sa terre natale, car il était lui aussi venu du *vieux pays*, mais n'était pas rentré, préférant s'enraciner chez nous.

Ledieu avait été frappé par la fidélité qui était demeurée profondément chevillée dans le cœur des Canadiens à l'endroit de leur mère patrie culturelle. *Il y a trente ans*, écrivait-il en 1885, *on s'arrachait un journal français, fût-il vieux de six mois*. Pourtant, un siècle s'était déjà écoulé depuis que le fleurdelisé avait repassé l'Atlantique.

On s'assemblait dans une salle, la plus grande de la maison, continuait-il ; *les voisins, prévenus, étaient présents, et là, au milieu d'un silence religieux, l'heureux possesseur du trésor convoité dépliait le journal lentement, gravement, et quand, d'un ton important, il commençait la lecture* : Paris, 19 août 1855... *un frisson vous courait par tout le corps, et on écoutait...*

Parfois, une exclamation de joie, un cri de bonheur ! Et Ledieu d'évoquer des jalons de la guerre de Crimée. *On croyait entendre retentir le canon de l'Alma, de Malakoff et de Sébastopol. On frissonnait de fierté. Les tailles se redressaient, l'œil flamboyait quand on entendait le récit de la bataille d'Inkerman, où un brave général français sauvait l'armée anglaise !*

À Paris, de nos jours, le pont de l'Alma, avec son célèbre zouave, de même que l'avenue de Malakoff et le boulevard de Sébastopol, rappellent autant d'assauts où s'illustrèrent les armées françaises. Et, dans le VIIe arrondissement, l'avenue Bosquet rend hommage à un maréchal qui, en plus de se distinguer dans ces opérations, assura la victoire des forces franco-anglaises à Inkerman.

Et Ledieu de résumer la fierté spontanée de ceux à qui on lisait ces nouvelles :

– *Sans nous, sans les Français, où seraient-ils, les Anglais ?*

Car, disait le journaliste, *tout ce qui était France était toujours nous*. Mais la lecture terminée, un long soupir soulevait les poitrines :

– *Pas un mot de nous ! Jamais on ne parle du Canada... Sommes-nous donc oubliés, nous qui n'oublions pas ?*

Et Ledieu de s'adresser aux délégués venus de France : *Oh ! si jamais amis inconnus ont été attendus avec impatience, c'est bien vous !*

De quel côté est donc la France ? — Mais, des deux côtés !

Réponse faite, à Halifax, à un géographe de France

En 1885 a lieu le voyage d'inauguration d'une première liaison maritime entre la France et le Canada. C'est la *Ligne canadienne-française* qui se propose d'assurer le service entre Le Havre et Montréal (via escale à Halifax), avec la collaboration du Syndicat maritime et fluvial de France, et grâce à des subventions du gouvernement canadien versées à des fins de service postal.

L'occasion est excellente : on peut déjà, depuis Montréal, aller jusqu'à Winnipeg par chemin de fer et, dans quelques mois, le rail atteindra la côte du Pacifique. Celui qu'Arthur Buies appelle *le gros curé*, l'abbé Antoine Labelle, est allé en France dans l'espoir d'y recruter des colons pour les Prairies. Le curé Labelle rentrera au pays à bord du *Damara*, à la tête d'une quinzaine de journalistes et d'écrivains du *vieux pays* invités à participer à la traversée inaugurale. Il en résultera d'ailleurs pour le Canada une publicité de belle envergure. On écrirait de nos jours que c'est une remarquable réussite au chapitre des relations publiques.

La délégation débarque à Halifax, où elle monte à bord de l'*Intercolonial*, qui fait halte à Sainte-Flavie, à Rimouski, aux Trois-Pistoles et à la Rivière-du-Loup. À Lévis, les visiteurs sont l'objet d'un accueil particulièrement chaleureux. L'un d'eux, M. de La Brière, journaliste, ancien zouave pontifical, chevalier de la Légion d'honneur, est chargé de remercier le maire, M. Pierre Lefrançois.

Après quelques phrases émues, il raconte l'anecdote suivante :

Nous étions à Halifax, attendant avec une grande impatience l'heure de venir à vous. Nous nous promenions autour de la baie : un géographe désorienté demanda soudain : Mais, de quel côté est donc la France ?

Et l'un de nous répondit avec une spontanéité à laquelle tous nos cœurs firent écho : Mais, des deux côtés : elle est par ici, pardelà de l'océan, elle est par là, derrière la Nouvelle-Écosse !

À Montréal, le 24 août, c'est un autre journaliste, le maire Honoré Beaugrand, qui reçoit officiellement les délégués ; orgueilleux de ses pompiers, il veut présenter une démonstration de leur efficacité mais, dans leur enthousiasme, ceux-ci arrosent bon nombre de spectateurs réunis au Champ-de-Mars ; on oublie vite l'incident quand se déploie l'échelle *Skinner*, le dernier cri en fait d'équipement. Avant de gravir les pentes du mont Royal pour un repas sur l'herbe, les visiteurs font un arrêt de deux minutes au square Victoria pour admirer le jet d'eau du bassin, qui, rapporte *la Minerve*, atteint une hauteur de plus de quarante pieds.

Avec pour cicerone le curé Labelle, la délégation se doit d'aller jusqu'à Saint-Jérôme. Et c'est aux cris jumelés de *Vive la France !* et de *Vive le curé Labelle* ! que cinq mille personnes l'accueillent à la gare.

Il n'est pas de Français sans France, que je sache !

Propos d'une maraîchère, limés par le poète

Longtemps après que la Nouvelle-France fut passée à l'Angleterre, les Canadiens considéraient encore la France comme leur foyer. Si un visiteur arrivait du *vieux pays*, on lui demandait tout naturellement : *Vous venez de chez nous ?*

En quelques alexandrins, Louis Fréchette a rapporté l'accueil qu'une maraîchère fit à son professeur de droit romain, qui avait l'habitude d'aller lui-même au marché de la haute ville, à Québec, choisir les denrées les plus fraîches. Auguste Aubry était Parisien.

Un jour qu'il s'adressait à une femme de cultivateur postée derrière un comptoir chargé de légumes, la conversation s'engagea, car l'oreille de la vendeuse avait saisi un accent particulier. Le poète a stylisé comme suit les propos échangés :

- *Vous venez de chez nous ? - Je suis Français, madame.*
- *Francais ? Eh ben, monsieur, c'est dans nos environs :*
Pour être Canadiens, on n'est pas des Hurons !
On est tous des Français, nous aussi, que je pense !
- *Je vous comprends, mais moi, je suis Français de France.*
- *Français de France ? Et nous, de quel pays est-on ?*

Sommes-nous par hasard des Français de Boston ?
Il n'est pas de Français sans France, que je sache !
Le bon vieux professeur riait dans sa moustache.
– Pardonnez-moi, dit-il, vous ne saisissez pas :
Vous êtes née ici ; moi, je suis né là-bas.

Cette anecdote, Louis Fréchette l'a rapportée dans *Spes Ultima*, l'un des poèmes de *La Légende d'un peuple*, qu'il considérait comme son œuvre principale.

Nous sommes toujours la sentinelle que la France oublia de relever.

Lionel Groulx

En juin 1912 a lieu, à Québec, le premier Congrès de la langue française. De France est venu un aréopage de littérateurs dont la figure de proue est l'académicien Étienne Lamy. Devant ces maîtres à penser défilent des personnalités qui jouent un rôle important dans la survivance de la culture française au Canada. Au nombre des orateurs, un jeune prêtre de vingt-quatre ans.

Lionel Groulx, bien sûr, n'occupe pas encore la chaire d'histoire du Canada à l'Université de Montréal, mais on la lui confiera trois ans plus tard. Après avoir pris ses doctorats en philosophie et en théologie à Rome, il rentre au pays en 1909. Il a déjà enseigné les lettres à Valleyfield avant de partir pour la Ville éternelle ; il y reprendra sa carrière de professeur, cette fois en rhétorique et en histoire. Sa valeur s'affirme rapidement et c'est ce qui lui vaut la distinction, le 25 juin (1912), de traiter des traditions des lettres françaises au Canada.

D'entrée de jeu, le jeune professeur pose le principe que notre littérature *sera canadienne, ou elle ne sera pas*, mais il ajoute qu'avant de prétendre à l'autonomie par la création d'un art autochtone, peut-être faut-il accepter la tutelle et, *avant de commencer à écrire des oeuvres, apprendre tout bonnement à lire dans les chefs-d'oeuvre.*

Affichant un certain mépris à l'égard d'auteurs dont le romantisme ne fut qu'*une tentative révolutionnaire, un violent assaut au bon sens héréditaire*, notamment l'*étranger*, le Genevois Jean-Jacques Rousseau, le conférencier déclare que, de ce côté-ci de l'Atlantique, on s'est mis *à l'école des écrivains qui firent une fois en France cette grande et rare chose qu'on appelle un siècle classique*.

Et l'abbé Groulx d'ajouter que nous ne sommes qu'un rejeton du vieux pays, mais que, comme l'arbrisseau poussé du gland, *nous avons gardé du géant dont nous sommes issus le besoin de la même sève vigoureuse*.

Il rappelle que la séparation d'avec la France a sonné l'ascension vers des libertés nouvelles, mais que ceci n'a pas amenuisé l'idéalisme français des Canadiens: nous sommes restés *des chevaliers de l'idée, d'incorrigibles idéalistes*.

Et le conférencier de conclure que pour assurer le progrès d'une littérature canadienne, *il faut garder intègres nos âmes de Français*. Il fait sienne une parole d'Émile Faguet: *Ce n'est point ici qu'on apprend à être Français, mais c'est ici qu'on a toutes les raisons du monde de s'entêter à l'être*.

Ils nous rendront ce témoignage, nos frères de France, que nous sommes bien toujours la sentinelle française que leur pays oublia de relever, il y a cent cinquante ans, mais qui, l'arme au bras, est restée en faction sur le vieux rocher de Québec, pour jeter sans défaillance l'inlassable cri d'alerte: France quand même!

Un Québécois qui n'aime pas la France est un fils qui trahit sa mère.

Roger Maillet

Qui, sauf quelques journalistes, se souvient du *colonel*? Copropriétaire du *Petit Journal*, c'était un original digne de la plume d'un Louis Fréchette. Il entretenait à l'égard de notre mère patrie culturelle une affection filiale.

En 1940, il était le patron de l'auteur de ces lignes, un redoutable stratège en pantoufles pour le personnel de la rédaction. Enrôlé volontaire dans l'artillerie canadienne en 1916, muté à sa demande dans le *Royal Flying Corps* à l'époque héroïque des *cages à poules*, il avait participé aux batailles d'Amiens et d'Ypres, puis séjourné en Allemagne avec l'armée d'occupation. On comprendra ses sentiments quand survint la Deuxième Guerre mondiale.

Hitler était l'hydre du jour. Le sort de la civilisation oscillait dans la balance. Jamais la démocratie n'avait couru un tel danger. La France résisterait.

Le colonel avait fait dresser sur le toit du journal, rue Saint-Denis, l'antenne d'un puissant *Hallicrafter*. Tout au long de la nuit du vendredi au samedi, un jeune Polonais, tout frais arrivé avec son père à la suite de la chute de leur pays, et qui comprenait plusieurs langues, syntonisait les bulletins de nouvelles provenant des grandes capitales européennes. Cette période précédait l'heure de tombée de l'édition locale, qui paraissait en matinée, le samedi.

Selon qu'elles nous arrivaient de Berlin ou de Londres, les ondes courtes rapportaient de fulgurantes avances ou de stratégiques replis.

J'aurai toujours présent à la mémoire cette matinée où j'assumais la responsabilité du pupitre en l'absence du directeur des informations. Selon Radio-Berlin, la reddition de la France se discutait dans l'historique wagon de Compiègne.

Que faire? L'expérience démontrait qu'au chapitre des opérations, cette source était généralement fiable. Rien, d'ailleurs, ne semblait pouvoir ralentir le rouleau compresseur de la guerre éclair. Le recoupement des bulletins récoltés au cours de la nuit tendait hélas à confirmer l'inadmissible vérité.

Que faire? Un seul guide: informer au mieux de sa conscience professionnelle. Trois mots de deuil tombèrent de ma main pour titrer la *une* sur deux lignes: *LA FRANCE / TOMBE!*

Quand les rotatives ronronnent, les murs de l'immeuble vrombissent. Là-haut, le patron sait qu'en moins d'une minute, un galopin lui tendra le premier exemplaire de l'édition locale, tout chaud sorti des cylindres. La réaction est instantanée. Le colonel, courroucé, est au bout du fil. Il faut arrêter les presses, reprendre la *une*, la *trois*, car: *Jamais, la France ne tombera!* Et il ajoute: *Un Québécois qui n'aime pas la France*... Dès le lendemain, hélas...

BRAVADE

C'est du plomb, non du fouet, qu'il faut pour dompter un soldat français !

Le soldat Larose, au duc de Kent

En 1791, Édouard-Auguste, duc de Kent, — futur père de la reine Victoria, — arriva à Québec. Comme il ne s'entendait pas avec son père, George III, celui-ci l'avait expédié tout d'abord à Gibraltar, et ce fut avec son régiment qu'il passa au Canada, où il devait demeurer plusieurs années, à Québec d'abord, puis à Halifax.

Son Altesse n'avait que vingt-cinq ans et elle participa activement à la vie sociale et mondaine. Qui ne connaît l'idylle qui lia le duc pendant près de vingt ans à la belle Alphonsine-Thérèse-Bernardine-Julie de Montgenet de Saint-Laurent? Ce fut la raison d'État qui les sépara: le trône d'Angleterre n'avait plus d'héritier, le duc devait se marier. Sa *dame française* entra au couvent et, en 1818, il épousa Marie-Louisa-Victoria, veuve d'Enrich-Charles, prince de Leiningen.

Le duc de Kent ne badinait pas avec la discipline militaire. Autant il faisait preuve de délicatesse dans son comportement d'homme du monde, autant il se montrait inflexible dans le commandement de son régiment. L'anecdote qui suit, et que l'on doit au conteur Philippe Aubert de Gaspé, l'illustre bien.

Il comptait parmi ses hommes un soldat nommé Rose, ou Larose, qui avait déjà fait preuve de bravoure et dont il appréciait les qualités. Mais celui-ci ne prisait pas toujours la discipline toute germanique pratiquée à l'endroit du régiment, et il déserta.

Le duc prit quelques soldats avec lui et alla récupérer son déserteur, qu'il trouva à la Pointe-aux-Trembles, en train de manger.

– *Il est heureux, monseigneur, que vous me surpreniez sans armes*, dit Larose, *car je prends le ciel à témoin que si j'avais un pistolet je vous ferais sauter la cervelle !*

Une telle insulte méritait la mort selon le *Mutiny Act*. Le duc ne put s'y résoudre, mais il choisit un châtiment exemplaire : neuf cent quatre-vingt-dix-neuf coups de fouet ! C'était le maximum imposable.

Larose, rapporte Philippe Aubert de Gaspé, subit ce supplice stoïquement ; plutôt que de demeurer prostré, il remit lui-même ses vêtements et, se retournant vers le prince, lui dit, portant l'index à son propre front :

– *C'est du plomb, monseigneur, non du fouet, qu'il faut pour dompter un soldat français !*

Une autre fois, le duc apprit que trois conjurés tramaient son assassinat. On les trouva coupables de ce noir dessein. L'un fut condamné à sept cents coups de fouet, le deuxième à quatre cents coups, et le troisième, un certain John Draper, à mourir devant un peloton d'exécution.

On accorda une semaine de répit à Draper et l'on prépara l'exécution de la façon la plus macabre possible. Au jour dit, le condamné fut solidement attaché au poteau. Le duc de Kent se présenta devant lui et le gracia. *Que je n'aie pas à me repentir*, lui dit-il, *d'avoir été votre avocat !*

Le Français ne sait ce que c'est de craindre quand une fois il est résolu à la guerre.

Le sieur d'Ailleboust, à un émissaire iroquois

Jean de Saint-Père fut le premier notaire de Ville-Marie. Il devait connaître une fin tragique en 1657. Alors que lui, son beau-père, Nicolas Godé, et un serviteur, nommé Jacques Noël, achèvent de construire une maison, des Onneiouts se présentent. La paix a été signée depuis peu avec cette nation, de sorte que le trio accueille courtoisement les visiteurs, leur offrant même à manger.

Après quoi les *Montréalistes* reprennent leur travail sur le toit, ce qu'attendent les ingrats pour leur tirer dessus.

Il est bien sensible, écrira plus tard Dollier de Casson, *de voir périr les meilleurs habitants qu'on ait par des lâches infâmes qui, après avoir mangé leur pain, les surprennent désarmés, les font tomber comme des moineaux.*

Les Onneiouts scalpent Godé et Noël sur place, mais coupent la tête de Saint-Père. Mal leur en prit, car, dit-on, cette tête leur fait quantité de reproches, et lorsqu'ils l'écorchent, ils continuent d'entendre la voix *du côté où ils mettent la chevelure*. Leur conscience a peut-être emprunté le timbre du tabellion!

À ce moment-là, le sieur Louis d'Ailleboust, qui a été gouverneur de la Nouvelle-France, vient de reprendre ce poste de façon intérimaire. En apprenant le triple meurtre, il ordonne l'emprisonnement de tous les Onneiouts qui fréquentent les postes français, en attendant que justice soit rendue ; il consulte Français, Hurons et Algonquins, puis décide de déléguer deux des prisonniers qu'on lui a envoyés des Trois-Rivières auprès des sages de leur nation.

En janvier suivant (1658) arrivent à Québec trois émissaires porteurs de présents et de messages : il n'est pas possible d'identifier les responsables du triple meurtre commis à Ville-Marie ; les Iroquois et les Hollandais étant *liés d'une chaîne de fer*, leur amitié ne peut se rompre ; l'un des présents est offert en guise de marteau pour briser les fers de leurs *neveux* emprisonnés et dont la vie a été épargnée.

Le sieur d'Ailleboust prend le tout en délibéré afin de consulter une autre fois ceux qui l'entourent. Le 12 février, les émissaires reçoivent leur réponse. Le sieur d'Ailleboust s'adresse au chef du trio avec le secours d'un interprète, lui résume la situation et ajoute : *Tu crois m'amuser avec un collier de porcelaine. Le sang de mes frères crie bien haut. Si bientôt je ne suis apaisé, je donnerai satisfaction à leurs âmes. Quitte tes trahisons. Faisons la guerre si tu ne veux la paix. Le Français ne sait ce que c'est de craindre quand une fois il est résolu à la guerre !*

Les Iroquois décidèrent de tuer tous les Français qu'ils gardaient prisonniers et d'annihiler les établissements de la Nouvelle-France. Ceci ne se produisit pas, mais leurs déprédations se multiplièrent.

BRAVOURE

Il courut à la mort avec plus d'indifférence que Socrate n'aurait fait.

Le baron de La Hontan, au sujet d'un Iroquois

Les *Relations des Jésuites* et les autres sources de la même époque abondent en récits de cruauté iroquoise. Devant l'abondance des témoignages, on ne peut douter que les premiers occupants savaient manier l'art du supplice avec le plus grand raffinement. Il ne faudrait pas croire, cependant, qu'ils avaient le monopole de la cruauté. Les Européens, porteurs de civilisation, surent parfois s'en montrer *dignes*, et nous n'évoquons pas ici les conquistadors!

Songeons par exemple à ces Iroquois que l'on fit enchaîner sur les galères de Sa Majesté très chrétienne, rivés à d'énormes rames que poussaient avec eux des condamnés de droit commun, des esclaves nègres et d'autres d'origine turque, achetés en Pologne et à Malte !

C'est une page fort sombre de notre histoire que nous a léguée le baron de La Hontan, et bien propre à ternir l'image du gouverneur de Frontenac.

En 1692, des Français, commandés par le sieur Boisberthelot de Beaucours, capturaient seize Iroquois non loin du fort de Cataracoui, sur les bords du lac Ontario. Quand on les amena à Québec, Frontenac, sans doute irrité des dépradations dont les Iroquois se rendaient coupables à l'égard des Français et de leurs alliés indigènes, en condamna deux au bûcher !

On peut facilement croire qu'une telle décision souleva des protestations. L'épouse de l'intendant, Mme Bochart de Champigny, par exemple, multiplia les démarches auprès du gouverneur afin qu'un tel supplice leur fût épargné, mais en vain. Tout au plus consentit-il à ce qu'ils fussent baptisés après avoir été instruits des mystères de la religion. Pourtant, s'il allait lui-même dans l'au-delà, ne risquait-il pas de se retrouver face à face avec eux ?

L'un des deux condamnés n'eut pas le courage d'attendre le jour fatidique : il se donna la mort avec un couteau dans sa cellule.

L'autre fut confié à de jeunes Hurons de Lorette, qui l'amenèrent sur le cap, où ils avaient amassé du bois. *Il courut à la mort*, rapporte le baron de La Hontan, *avec plus d'indifférence que Socrate n'aurait fait s'il se fût trouvé en pareil cas*.

Citons encore le baron : il nous montre bien que l'on pouvait, à l'ombre des trois fleurs de lys symbolisant la Trinité, laisser s'exercer une vengeance aussi cruelle que celle des infidèles. *Pendant le supplice, il ne cessa de chanter qu'il était guerrier, brave et intrépide, que le genre de mort le plus cruel ne pourrait ébranler son courage, qu'il n'y aurait point de tourments capables de lui arracher un cri, que son camarade avait été un poltron de s'être tué lui-même et qu'enfin, s'il était brûlé, il avait la consolation d'avoir fait le même traitement à plusieurs Français et Hurons*.

Suit une description à faire dresser les cheveux sur la tête. Après trois heures d'indescriptibles tortures, un coup de massue mit fin à ses souffrances. C'est Mme Bochart de Champigny qui fit intervenir le bras providentiel.

La mort nous sera honorable.

Samuel de Champlain, aux Kirke

Il arrive parfois, dans les familles, que des beaux-frères se font la guerre. Il n'en était pas autrement chez les têtes couronnées.

En 1627, Charles Ier, d'Angleterre, la déclare à Louis XIII, dont il a épousé la sœur, Henriette-Marie de France, deux ans plus tôt. David Kirke, aventurier et négociant, reçoit la mission de chasser les Français du Canada. Il fait voile avec ses frères, Lewis, Thomas, John et Jarvis ; ils sont pourtant tous nés à Dieppe, où on les tient pour sujets français. D'ailleurs, on les brûlera plus tard en effigie.

Les Kirke remontent le Saint-Laurent et s'emparent du poste de Tadoussac, d'où ils confient à des pêcheurs basques le soin de remettre une sommation au commandant de Québec. Malgré la situation difficile dans laquelle il se trouve, Samuel de Champlain répond dans la négative, car il attend des secours de France.

Champlain écrit que si lui et ses soldats se rendaient, *nous ne serions pas dignes de paraître hommes devant notre Roi*, et il ajoute : *la mort, combattant, nous sera honorable*. David Kirke pense que la place est bien pourvue de vivres et de munitions ; or, chaque homme de la petite garnison en est déjà réduit à sept onces de pois par jour et on ne possède en tout et pour tout que cinquante livres de poudre à canon, et peu de mèche. Champlain semble s'excuser d'avoir jeté un peu de poudre... aux yeux de Kirke : *en ces occasions*, écrit-il, *bonne mine n'est pas défendue*.

Les Anglais n'insistent pas et lèvent l'ancre, mais dans le golfe, ils rencontrent quatre voiliers français chargés de secours pour la colonie et s'en emparent. Avec l'hiver, la famine s'installe. On ne chasse pas pour économiser la poudre. Au printemps, rapporte Champain, *on était tous les jours à la recherche de racines pour vivre, ce qui causait de grandes fatigues, car on allait six ou sept lieues les chercher, avec une grande peine et patience, sans en trouver en suffisance pour nous nourrir*.

Aussi, lorsque les Kirke reviennent dans le Saint-Laurent, au printemps de 1629, et somment une seconde fois Champlain de se rendre, celui-ci n'a plus le choix. Les articles de la capitulation sont arrêtés le 19 juillet ; le lendemain, les Anglais prennent possession de la place.

Mais voilà, La France et l'Angleterre ont fait la paix trois mois plus tôt, peu après le départ des Kirke : elles ont signé un traité à Suse. La prise de Québec est donc caduque. Charles Ier pense-t-on, remettra la Nouvelle-France à son royal beau-frère sans la moindre hésitation. Allez-y voir : Louis XIII n'a pas encore fini de verser la dot de sa sœur ! L'affaire traînera jusqu'au traité de Saint-Germain-en-Laye, en 1632.

CAUSTICITÉ

Sir John Colborne a gagné l'immortalité parmi nous.

Le Canadien

On croirait, au premier abord, qu'il s'agissait là d'un cri d'admiration. Attila, roi des Huns, n'a-t-il pas survécu par sa cruauté dans la mémoire de tous?

John Colborne, soldat et administrateur colonial au service de l'Angleterre, avait déjà une belle carrière à son crédit, lorsqu'il nous arriva en 1828 pour occuper le poste de lieutenant-gouverneur du Haut-Canada. Il avait gravi de remarquables échelons sous les drapeaux. Une éclatante carrière militaire lui avait valu l'honneur de figurer au nombre des premiers récipiendaires de l'ordre du Bain au niveau de chevalier commandeur.

Ses fonctions d'administrateur, il les exerçait depuis déjà sept ans comme lieutenant-gouverneur de l'île de Guernesey quand on le nomma au Haut-Canada. Malgré une inclination pour l'intransigeance, il sut, là-bas comme ici, s'acquitter de sa tâche avec discernement et efficacité.

En 1836, cependant, le ministre des Colonies décide son rappel après certaines difficultés survenues entre lui et l'Église d'Angleterre. Il le nomme commandant en chef des forces armées des deux Canadas.

Au cours des mois suivants, la situation politique se tend rapidement et, à la mi-novembre 1837, l'insurrection éclate. Colborne s'empresse de mettre les troupes régulières et la milice sur un pied de guerre. Il assume personnellement le commandement de deux mille hommes. C'est ainsi que, le mois suivant, il marche sur Saint-Eustache, où le docteur Chénier s'est retranché dans l'église avec deux cent cinquante Patriotes. L'artillerie pilonne le temple et les flammes éclatent. Le vieux vétéran de campagnes en Sicile, en Suède, en Espagne, au Portugal, en France, aux Pays-Bas et en Égypte, s'empare assez peu glorieusement de la place ! Le pillage succède au combat et la soldatesque promène un peu partout la torche incendiaire, notamment à Saint-Benoît. L'insurrection est matée. L'année suivante, il va en juguler une seconde au Haut-Canada.

Colborne est passé à l'histoire, chez nous, sous le surnom de *Vieux-Brûlot*, car on le considérait comme un symbole de brutalité tant à cause de sa conduite pendant les troubles que de son attitude à l'égard des Patriotes jetés derrière les barreaux.

C'est en 1839 qu'il repartit pour l'Angleterre, le 23 octobre. Le même jour, *le Canadien* lui faisait ses adieux : *Sir John Colborne s'embarque aujourd'hui. Sa mémoire durera longtemps au Canada. Si les villages brûlés peuvent sortir de leurs cendres, les habitations pillées connaître de nouveau l'abondance, l'échafaud politique se déteindre du sang dont il a été inondé, le banc judiciaire se relever des coups donnés à son indépendance, si le sentiment des souffrances de mères, d'épouses et d'enfants peut s'adoucir par le temps et s'éteindre par la mort, restera ce monument d'inertie et de dévergondage connu sous le nom d'Ordonnances du Conseil spécial. Sans contredit, sir John a gagné l'immortalité parmi nous !*

L'éducation cléricale est le poison des peuples.

Arthur Buies

Rarement un écrivain suscita-t-il des sentiments aussi contradictoires. Peut-être parce que l'on cherche encore à définir sa personnalité. Pourtant, les pièces ne manquent pas, car il fut particulièrement prolifique. Au lendemain de son décès, en 1901, Thomas Chapais dira de lui : *Il était supérieurement doué, et par la verve, par le trait, par le pittoresque de l'expression, souvent par l'éloquence et le pathétique ; il restera l'un de nos premiers écrivains.*

Tous les critiques n'obéissent pas à la même sensibilité. Pour Alain Grandbois, *l'homme est détestable. Mais s'il n'a pas de génie, il a par contre beaucoup de talent.*

Il était pamphlétaire à ses heures, regardait la vie en face, maniait l'humour non sans une pointe de méchanteté, adorait son pays, mais sans aveuglement, et se faisait l'avocat d'un enseignement adapté aux réalités de l'heure. L'industrialisation était déjà source de mutation sociale aux États-Unis. Buies, sans renier l'importance de l'agriculture et de la colonisation, prônait la mise en place de manufactures, sans quoi, pensait-il, on ne saurait juguler la saignée qui résultait de l'émigration des nôtres vers les filatures de la Nouvelle-Angleterre.

Dans sa *Lanterne*, journal de combat fondé en 1868, il se faisait l'avocat d'une modernisation de la formation offerte par les écoles, car il voyait un rapport direct entre celle-là, d'une part, et les exigences nouvelles découlant du commerce et de l'industrie. *Il faut chercher un remède*, écrivait-il, *aux défauts de notre système d'éducation, défauts qui ont déjà causé tant de maux, et qui ne feront que grandir en raison des développements que prend le pays*.

Un tel langage, tenu il y a déjà plus d'un siècle, n'aurait pu rallier les opinions que d'une partie de l'élite. Par exemple, l'Église avait la haute main sur le système scolaire et Buies jugeait son comportement trop conservateur. Le 12 novembre 1868, il déclara sans ambages que *l'éducation cléricale est le poison des peuples*.

Il n'en fallait pas davantage pour se mériter en certains milieux la réputation d'un extrémiste, ou à tout le moins, d'un anticlérical. Pourtant, les opinions percutantes qu'il professa au fil des ans ne devaient pas le priver de l'amitié du curé Labelle, dont il fut un grand ami. Il est vrai que le *Roi du Nord* ne s'encombrait pas de nuances dans la poursuite de ses objectifs ; il était tout d'une pièce, ce qui faisait sans doute son charme auprès de l'écrivain. Celui-ci lui vouait une admiration certaine, comme nous le rappelons ailleurs dans ces pages.

Telle fut, évoquée à grands coups de serpe, la personnalité de celui que l'on désigna aussi comme *le plus casse-cou de nos héros de l'écritoire*. Ne fut-il pas plutôt l'un de nos premiers chevaliers de l'écriture?

Singulier pays : les sauvages sont civilisés et les poètes sont gras !

Sarah Bernhardt

La divine Sarah avait la repartie vive et le verbe haut, mais souvent aussi, la langue acérée. En décembre 1880, elle arrivait à Montréal de New York, où elle avait connu le plus grand succès. Cette première visite allait soulever un éventail de commentaires s'échelonnant depuis la plus inconditionnelle des admirations jusqu'au plus profond mépris.

Louis Fréchette, tout frais lauréat de l'Académie française, se porta à la rencontre de celle qui, dans l'esprit de plusieurs, était l'ambassadrice du génie de la mère patrie culturelle. Ses détracteurs disaient sous le manteau qu'il espérait voir la grande dame jouer l'une de ses pièces. Sur le quai de la gare, *essouflé, riche en couleur, mettant genou en terre et le front dans la poussière*, rapportait narquoisement *la Patrie* de Beaugrand, notre rondelet poète national lui offrit une gerbe d'alexandrins. — *Vous me passerez vos charmants vers*, lui dit-elle, *je vous apprendrai comment il faut les dire !*

Peut-être souhaitait-on retenir son attention par l'insolite : on la conduisit à la réserve de Kahnawaké, où les Iroquois l'accueillirent aimablement. S'attendait-elle à être scalpée? Elle s'étonna. — *Singulier pays*, s'exclama-t-elle, *les sauvages sont civilisés et les poètes sont gras !*

Le succès de Sarah Bernhardt à Montréal avait été assuré par une publicité tapageuse. L'élite ne vivait plus que pour la voir et l'entendre dans *Adrienne Lecouvreur*, de Scribe, *Froufrou*, de Meilhac et Halévy, et *Hernani*, de Victor Hugo. Mais, suprême égarement, le programme prévoyait qu'elle jouerait même le jour de Noël ! L'évêque de Montréal, Mgr Fabre, s'émut de ce que le talent des acteurs ne pouvait que *rendre plus fascinatrices les passions mauvaises qui grondent au fond du coeur humain*. Et *le Courrier du Canada*, publié à Québec, se demanda : *Est-ce parce que cette actrice a été bien douée de la nature sous le rapport de la voix, que l'on doit la fêter comme on ferait pour une bienfaitrice de l'humanité !* Il rappela que le clergé de Montréal avait prévenu les ouailles contre les représentations de Sarah Bernhardt, *dont les meilleures, au point de vue de la morale, ne valent rien.*

La Minerve, de Montréal, fit chorus, regrettant *qu'un aussi grand talent ne s'applique pas à interpréter des pièces plus en rapport avec nos idées de beau et de grand.* Ce qui ne refroidit pas l'enthousiasme des étudiants : après sa dernière apparition sur scène, ils dételèrent les chevaux du traîneau qui la ramenait à l'hôtel Windsor et s'emparèrent du timon. C'est ainsi que les Montréalais eurent un soir la divine Sarah à leur remorque.

COMPASSION

C'est une partie de la France qui a brûlé !

Foursin-Escande

Le mercredi 8 juin 1881, une conflagration réduit en cendres un important secteur de la ville de Québec. Au même moment, M. Foursin-Escande, ancien membre du conseil municipal de Paris, de passage au Canada pour *le Monde Illustré*, revient d'une excursion dans le Saguenay. Il connaît bien le Québec : on lui doit notamment de louables efforts pour l'établissement d'une ligne de paquebots franco-canadienne.

En doublant l'île d'Orléans, écrira-t-il un peu plus tard, *une lueur terrible vient m'arracher à mes rêveries. Québec brûle, et tous ses quartiers étagés en amphithéâtre paraissent embrasés à la fois. Quel épouvante et quel saisissement! Québec, la vieille capitale, brûle!*

Le visiteur se réjouit de ce que l'hôtel du parlement, *copie fidèle de notre palais du Louvre et des Tuileries*, ait été épargné, mais sept cents maisons alignées le long de quinze rues ont été rasées. En fait, cinq mille personnes sont sans abri.

Ce malheur, souligne-t-il, *crée un grand devoir à la France. Les maisons qui viennent d'être consumées se pavoisaient de son drapeau aux jours de réjouissances et de fêtes nationales*. Il ajoute: *La France comprendra-t-elle que, dans l'incendie de Québec, c'est une partie d'elle-même qui a brûlé?*

Lors de la guerre de Crimée, puis de la guerre franco-allemande, les Canadiens avaient partagé les deuils de la France. Ils avaient par la suite souscrit généreusement à des levées de fonds à l'intention des blessés.

Quelques mois plus tard, la maréchale de MacMahon sollicitait semblable appui en faveur des victimes d'inondations qui venaient de ravager le midi de la France. *Vingt mille Français*, écrivait-elle au juge Charles-Joseph Coursol, ancien maire de Montréal, *sont sans logement, nourriture et vêtements, et la charité peut seule leur venir en aide. Ne vous refusez pas, monsieur, et j'espère que d'ici peu, vous me remettrez un premier versement pour nos malheureux inondés. Je vous assure que nous ne sommes pas ingrats et que nous vous en serons éternellement reconnaissants*. Le maréchal MacMahon était alors le président de la République française.

Aussitôt avait été créé un comité pour la perception des souscriptions, et le maire de Montréal, le docteur William Hingston, récemment élu, en avait assumé la présidence. *L'Opinion Publique* du 29 juillet 1875, publiée à Montréal, comporte une description et des gravures saisissantes de ces inondations.

On comprendra facilement que l'appel lancé par M. Foursin-Escande et plusieurs autres amis français du Québec ne resta pas sans écho. Le rédacteur du *Monde Illustré* avait fait appel à plusieurs personnalités, dont l'académicien Xavier Marmier, ses collègues Jules Claretie et Camille Doucet (celui-ci avait couronné Louis Fréchette lauréat de l'Académie l'année précédente), et même Sarah Bernhardt, venue à Montréal quelques mois plus tôt.

Le gouvernement du Québec autorisa ainsi deux banques parisiennes à recevoir des souscriptions à l'intention des sinistrés de l'hécatombe du 8 juin 1881.

Pauvres orphelins, c'est vous que je plains, c'est vous que la main ensanglantée de la loi martiale frappe par ma mort.

Chevalier de Lorimier

Nous rappelons ailleurs les derniers moments de Marie-Thomas Chevalier de Lorimier, pendu le 15 février 1839, en même temps que quatre autres Patriotes, à la prison du Pied-du-Courant, à Montréal. Sa femme se montra aussi remarquablement stoïque devant le malheur.

Fille d'un notaire en vue, Henriette Cadieux avait tenté d'obtenir la grâce de son mari auprès de l'inflexible gouverneur Colborne; l'aîné de ses trois enfants n'avait encore que quatre ans. C'est en qualité d'épouse et de mère qu'elle implorait pitié et miséricorde. La supplique demeura sans réponse.

Pendant que, la veille du jour fatidique, les détenus recevaient à souper les cinq condamnés promis à la corde du bourreau, Chevalier de Lorimier marchait dans le corridor en compagnie de sa femme. Il ne rejoignit les autres à table que pour prendre un verre de vin et porter un toast à la liberté. Pendant ce temps, Mme de Lorimier s'évanouissait dans le cachot de son mari, vaincue par la fatigue. Du 11 au 21 janvier, elle avait assisté au procès.

Dans son testament politique, Chevalier de Lorimier s'était adressé à ses enfants : *Pauvres orphelins, c'est vous que je plains, c'est vous que la main ensanglantée et arbitraire de la loi martiale frappe par ma mort*. Il ajoutait : *Vous n'aurez plus qu'une mère tendre et désolée pour soutien ; si ma mort et mes sacrifices vous réduisent à l'indigence, demandez quelquefois en mon nom : je ne fus jamais insensible aux malheurs de mes semblables.*

Dans une dernière lettre à sa femme, trouvée contre son cœur après la pendaison, il lui disait: *Des hommes altérés de sang m'arrachent à tes bras, mais ils ne réussiront jamais à effacer mon souvenir de ton cœur. Ils t'enlèvent ton appui et ton protecteur, et le père de tes chers pauvres petits enfants. La Providence et des amis de mon pays en auront soin.*

Quarante-quatre années passèrent, au cours desquelles la veuve pleura son deuil et vécut dans une discrétion qui n'avait sans doute d'égale que sa pudeur.

En 1883, *la Tribune*, de Montréal, révélait que la veuve et les deux filles de Chevalier de Lorimier vivaient dans l'abnégation, à L'Assomption. Il n'en fallait pas davantage pour que trois personnalités créent un comité afin qu'un geste symbolique vînt réparer cet oubli: L.-O. David, Louis Fréchette et Honoré Beaugrand, respectivement président, vice-président et secrétaire.

Le 15 juillet 1883, David présenta une bourse de mille dollars à Mme de Lorimier. *La nation*, dit-il, *s'est souvenue enfin de celui que vous avez tant pleuré*. Mais, brisé par l'émotion, le président ne put achever sa phrase, et c'est Beaugrand qui lui prêta sa voix. Quelques instants plus tard, en exprimant sa reconnaissance, Mme de Lorimier s'effondrait, tout comme le soir du 14 février 1839 dans le cachot de son infortuné mari.

COMPRÉHENSION

On ne se hait que parce qu'on ne se connaît pas.

Le Canadien

Le 13 novembre 1806 paraît le prospectus d'un nouveau *papier périodique* : Pierre Bédard et François Blanchet s'apprêtent à lancer *le Canadien*, dont le premier numéro sera publié le 22 du même mois.

Pierre-Stanislas Bédard, l'un des premiers Canadiens admis au barreau, était député du comté de Northumberland (plus tard, Montmorency et Saguenay). En 1792, il s'était joint à Louis-Joseph Papineau pour dénoncer l'usage exclusif de la langue anglaise au Parlement du Bas-Canada.

François-Xavier Blanchet était médecin et s'intéressait de près aux affaires publiques ; en 1809, il allait devenir député du comté de Hertford (plus tard, Bellechasse).

En 1805, Thomas Cary fondait le *Quebec Mercury*, dans le but évident de promouvoir l'hégémonie des conservateurs anglophones sur la politique au Bas-Canada. C'est ce qui amena en contrepartie la naissance du *Canadien*, qui se proposait de défendre les intérêts des classes libérales d'expression française. Des luttes homériques se profilaient donc à l'horizon.

Dans son prospectus, *le Canadien* insiste au départ sur le rôle de la liberté de la presse ; la liberté prévient le despotisme, et c'est elle *qui rend la constitution d'Angleterre propre à faire le bonheur des peuples qui sont sous sa protection* ; grâce à elle, *toute la nation devient pour ainsi dire le conseiller privé du gouvernement*.

En assurant une communication continuelle entre le peuple et le gouvernement, assure le prospectus, *la liberté de la presse efface les divisions et les factions qui sont toujours entretenues par le préjugé*. C'est l'isolement qui favorise celui-ci, ajoute le journal : *On ne se hait que parce qu'on ne se connaît pas*.

La parution du *Canadien* constitue une importante étape dans notre histoire politique : les nôtres descendent dans l'arène ; ils possèdent maintenant un précieux outil d'information.

Journal de combat, *le Canadien* soulève l'ire des autorités en place. Herman Witsius Ryland, en sa qualité de secrétaire du Conseil exécutif, supprime leur commission d'officier de milice aux deux fondateurs, de même qu'à un de leurs collaborateurs, Jean-Thomas Taschereau, la publication étant jugée *libelleuse et séditieuse*. C'était en juin 1808.

Il en aurait fallu davantage pour freiner l'ardeur de ce journal. Le 17 mars 1810, le Conseil exécutif revient à la charge. Cette fois, il saisit le numéro daté de ce jour, par mandat, fait mettre en voûte presses et caractères, et envoie Bédard, Blanchet et Taschereau méditer derrière les barreaux, de même que l'imprimeur ! *Le Canadien* ne renaîtra que sept ans plus tard.

Bédard et Blanchet ont dû se demander si, en matière de politique, on ne se hait vraiment que si on ne se connaît pas !

CONFIANCE

L'homme qui est sûr de mon estime ne peut songer à m'ôter la vie.

Le chef Pontiac, au sujet du major Rogers

Dès après la capitulation de la Nouvelle-France, les Anglais voulurent prendre possession des forts de l'Ouest. C'est au major Robert Rogers que cette mission fut confiée. La saison était avancée, et il ne put aller au-delà, avant l'hiver, du fort de Détroit.

Le 7 novembre (1760), Rogers et ses hommes campaient sur la rive sud du lac Érié, lorsque se présenta une délégation de guerriers indigènes à la tête desquels figuraient des chefs mandatés, disaient-ils, par Pontiac, chef de guerre des Outaouais de Détroit : les Anglais ne devaient pas aller plus loin, ce territoire étant la propriété des Outaouais, et comme ceux-ci ne l'avaient jamais cédé à quiconque, les Français n'auraient pu l'inclure dans les conditions de la capitulation.

Avant la fin du jour, Pontiac apparut en personne et eut une longue entrevue avec Rogers, qui lui exposa l'objectif de sa mission. Pontiac demanda à réfléchir. Le lendemain matin, il se déclara prêt à vivre en paix avec les Anglais s'ils faisaient preuve à son endroit de respect et de déférence.

Pontiac avait toujours été l'indéfectible ami des Français. Il ne devait pas son ascendant au fait que son père avait été un chef, mais à ses caractéristiques personnelles. Le lieutenant Alexander Fraser, qui eut l'occasion de le rencontrer en 1765 au fort de Chartres (au pays des Illinois), écrivait: *Il est adoré par toutes les nations d'alentour ; il est plus remarquable par son intégrité et son humanité que n'importe lequel Français ou Indien de la colonie*.

À Détroit, Pontiac accepta de vivre en paix avec les Anglais, mais plusieurs facteurs changèrent les données de la situation. Les nouveaux occupants se montrèrent moins généreux que leurs prédécesseurs dans leurs relations avec les autochtones. Et puis, à travers l'Ouest, circulèrent toutes sortes de rumeurs, à savoir que les Français s'apprêtaient à reconquérir leur hégémonie sur ces territoires. Pontiac s'employa dès lors à regrouper les tribus en vue d'une intervention armée contre Détroit. C'est ce que l'historien Francis Parkman appellera la *Conspiration de Pontiac*, titre de l'une de ses œuvres.

Mais, en 1763, la nouvelle de la signature de la paix entre la France et l'Angleterre (traité de Paris) atteignit enfin les vastes régions de l'Ouest. Le grand chef était prêt à demeurer sur le sentier de la guerre jusqu'à la totale élimination des *habits rouges*, mais les Français tentèrent de l'en dissuader.

Le major Rogers eut plusieurs entretiens avec Pontiac qui, dit-il, a toujours manifesté *un jugement solide et une soif d'apprendre*. Alors que Pontiac était brouillé avec les Anglais, Rogers lui fit envoyer une bouteille d'eau-de-vie. Craignant qu'elle ne fût empoisonnée, son entourage tenta de le dissuader d'en boire. *L'homme qui est sûr de mon estime*, répondit-il, *et à qui j'ai rendu de si grands services ne peut songer à m'ôter la vie !* Là-dessus, il en ingurgita une généreuse rasade.

Le salut de la colonie est en vos mains.

Vaudreuil, à Bougainville

C'est tout d'abord en aval de Québec que le général Wolfe tenta d'établir une tête de pont pour prendre la ville, puisque celle-ci se dressait sur un cap jugé imprenable si on voulait l'aborder directement. Le 31 juillet 1759, donc, après avoir soumis à un intense bombardement les retranchements des Français, tout le long de la côte de Beauport, il lance ses troupes sur un point situé au pied de la chute Montmorency.

Les premières unités débarquent, mais montent tout de suite à l'attaque, plutôt que d'attendre celles qui suivent ; un feu meurtrier les décime. Puis, un violent orage éclate, qui liquéfie le sol et empêche toute tentative d'escalader les hauteurs. Enfin, la marée montante menace de couper la retraite si la décision du rembarquement tarde trop. Wolfe s'en rend compte et se retire. Où frappera-t-il maintenant ?

Le gouverneur de Vaudreuil craint que les Anglais ne tentent de prendre pied en amont de Québec, car on peut difficilement les empêcher de remonter le fleuve quand ils profitent de l'apport de la marée. Montcalm, pour sa part, pense que Wolfe peut fort bien renouveler sa tentative du 31 juillet, au saut Montmorency. Grave dilemme : disséminer les troupes tout le long de la côte, depuis la rivière Jacques-Cartier jusqu'en face de l'île d'Orléans, c'est affaiblir les moyens de défense là où les Anglais choisiront de se présenter.

Bougainville, promu colonel, a pris le commandement du camp de Beauport quelques semaines avant l'affaire du 31 juillet. On lui a confié peu après, à la tête de cinq cents hommes, la responsabilité de défendre les communications entre Québec et Montréal et de s'assurer que la ville assiégée ne serait pas coupée de ses dépôts de vivres et de munitions.

Je n'ai pas besoin de vous dire, Monsieur, que le salut de la colonie est en vos mains, lui écrit le gouverneur, *que certainement, le projet de nos ennemis est de nous couper la communication en faisant des débarquements au nord. Il n'y a que la vigilance qui puisse y parer*. Il ajoute : *Je vous enverrais bien davantage du monde de l'armée, mais je craindrais que vous ne fussiez embarrassé pour les nourrir.*

En fait, ce que l'on place à la disposition de Bougainville se résume en quelque sorte à des équipes volantes, et les seules instructions formelles qu'il reçoit, c'est de toujours rester en amont des voiliers anglais et des barges de débarquement qui pourraient s'en détacher, au-delà du cap Rouge. Montcalm, pour sa part, croit qu'à moins que les Anglais ne tentent un débarquement à Saint-Augustin et à la Pointe-aux-Trembles (Neuville), il suffira de quelques coups de fusil pour les obliger à se rembarquer.

Or, on le sait, c'est au Foulon que l'ennemi prit pied. Montcalm avait ordonné au bataillon de Guyenne de s'y transporter, mais Vaudreuil avait dit: *Nous verrons cela demain*. Le lendemain, il était trop tard!

CYNISME

Quand le feu est à la maison, on ne sauve pas les écuries!

Nicolas-René Berryer

Nous citons ci-après le cri du cœur de la marquise de Pompadour lorsque parvint en France la nouvelle de la chute de la Nouvelle-France. Songeait-elle surtout à protéger sa cassette personnelle? Son budget était plus considérable que celui de la lointaine colonie!

En novembre 1758, Louis-Antoine de Bougainville, l'aide de camp du marquis de Montcalm, s'embarque sur un corsaire malouin. Il est chargé de convaincre la cour de secourir le Canada. On sait que les Anglais tenteront de l'investir dans les mois suivants. Ils viendront, pense-t-on, de trois points: par le Saint-Laurent et les lacs Champlains et Ontario. Bougainville veut proposer qu'un corps de quatre mille hommes débarque en Caroline et prenne l'ennemi par l'arrière. On aura eu le soin d'approvisionner la Louisiane au cas où ces troupes s'y replieraient éventuellement.

Nicolas-René Berryer, une créature de la marquise de Pompadour, ancien lieutenant de police de Paris, était devenu... ministre de la Marine, et ce fut à sa porte que dut frapper l'officier. *Il ne voulut jamais comprendre*, écrit Bougainville, *que le Canada était la barrière de nos autres colonies et que les Anglais n'en attaqueraient jamais aucune autre tant qu'ils ne nous auraient pas chassés de celle-là.*

Bougainville insista, mais, remarqua-t-il, le ministre *aimait les paraboles*. Probablement excédé, Berryer lui répondit: *Quand le feu est à la maison, on ne sauve pas les écuries!*

Ce à quoi, rapportent les historiens, Bougainville rétorqua: *On ne dira pas du moins, Monsieur, que vous parlez comme un cheval!*

Et l'officier de souligner dans son journal: *Je ne pus donc obtenir, pour ces pauvres écuries, que 400 hommes de recrue et quelques munitions de guerre.*

Bougainville n'éprouvait point de sympathie pour Berryer, qui, nous l'avons dit, devait son poste de ministre à la favorite du roi. *Madame de Pompadour*, écrivit-il plus tard, *en a dû rendre compte à Dieu*. Selon l'officier, la marquise lui avait obtenu cette étonnante promotion pour le récompenser de lui avoir servi d'espion auprès du comte d'Argenson, lieutenant général de police, puis ministre de la Guerre.

Bougainville ne rentrera en Nouvelle-France qu'avec de bons conseils. *Je crois*, écrit-il à la marquise de Montcalm, *que c'est le cas du médecin après la mort*. Et à Montcalm lui-même, il dira: *Battez-vous jusqu'à extinction. Vous êtes l'homme du jour. Enfin, ne perdez pas tout, et vous serez tout!*

Montcalm devait se battre jusqu'à sa propre extinction!

Enfin, le Roi dormira tranquille!

La marquise de Pompadour

Au plan des bonnes mœurs, la favorite officielle de Louis XV ne soigna pas sa réputation, mais si elle est passée à l'histoire pour avoir su distraire Sa Majesté, il ne faut pas lui reconnaître que sa frivolité. Elle fut la protectrice de plusieurs artistes, s'intéressait à tout, possédait une bibliothèque considérable et, malgré la vie trépidante de la cour, consacrait plusieurs heures chaque jour à la lecture.

Parce qu'elle accueillit avec chaleur M. de Bougainville, l'aide de camp du marquis de Montcalm, à Versailles, en 1758, ne croyons pas qu'une grande ferveur l'animait à l'égard de la Nouvelle-France, et si elle offrit de mettre sa cassette personnelle à contribution pour sauver le Canada, peut-être devait-on moins ce geste spontané à ses convictions qu'au charme persuasif du jeune officier, à qui elle marqua *les plus grandes bontés*.

Il est certain que beaucoup de Français, à ce moment-là, jugeaient qu'il était vain de vouloir défendre toutes les possessions lointaines. La guerre faisait rage depuis déjà plus de deux ans. En 1755, l'Angleterre avait ouvert les hostilités en saisissant trois cents navires de commerce français. La rivalité coloniale franco-anglaise s'en était trouvée attisée, et c'est pour y faire face, en Amérique, que le marquis de Montcalm avait fait voile de Brest, le printemps suivant, avec la mission d'assumer le commandement en chef des troupes.

Le commissaire des guerres au Canada, Jean-Baptiste Doreil, avait écrit à l'automne de 1755: *La situation de la colonie est critique à tous égards ; elle exige de prompts et puissants secours. J'ose même assurer que, si l'on n'en envoie pas, elle courra les plus grands risques dès l'année prochaine.*

Mais, dans ce conflit, où se situaient les priorités? Malgré le commerce des peaux de castor, se disait-on, le Canada n'avait-il pas toujours été un passif pour les coffres de Sa Majesté?

On est prêt à céder le Canada aux Anglais, écrivait la marquise de Pompadour au duc de Nivernois, en 1762, alors que l'on discutait les clauses du futur traité de Paris. *Grand bien leur fasse !* ajoutait-elle. *Mais, pour les îles de Pondichéry, il faut les sauver à quelque prix que ce soit.*

Bien sûr, le sort de la Nouvelle-France s'était scellé plus tôt avec la défaite des Plaines d'Abraham et la capitulation de Montréal. Mais il paraît que lorsque la nouvelle en était parvenue à Versailles, la Pompadour avait écrit: *Enfin, le Roi dormira tranquille !* Cri de soulagement? Souci pour la santé de son seigneur et maître? Le saura-t-on jamais?

Il serait ridicule d'engraisser des gens tout l'hiver pour l'échafaud !

Le *Montreal Herald*, au sujet des prisonniers politiques

Le 22 novembre 1837, les premiers coups de feu de la rébellion éclataient sur le chemin de Chambly, alors que des Patriotes libéraient deux des leurs que l'on conduisait en prison sous bonne garde. Le lendemain, les Patriotes repoussaient les troupes gouvernementales à Saint-Denis. Deux jours plus tard, celles-ci réduisaient le foyer d'insurrection de Saint-Charles. L'effervescence avait gagné la vallée de la Richelieu.

Le 29 novembre, le gouverneur général, Gosford, émettait une proclamation s'adressant au peuple et faisant appel à sa loyauté. *Il est difficile de savoir quel sera l'effet de cette adresse sur l'esprit des paysans égarés*, reconnaissait-il. *Ils ont méprisé mes avertissements précédents, la lettre pastorale de leur compatriote, l'évêque catholique de Montréal, et les conseils pacifiques de leur clergé. Ma proclamation ne sera peut-être pas mieux accueillie.*

En tout cas, ceux que Louis-Joseph-Amédée Papineau, le fils du grand tribun, appelle les *tigres loyalistes* trouvèrent que le style en était *trop mielleux*. Nous avions alors, dit-il, des journaux de *deux couleurs*. Ceux qui approuvaient les mesures gouvernementales étaient: la *Gazette de Québec*, le *Mercury* et *le Canadien*, à Québec, et la *Montreal Gazette*, le *Morning Courrier*, *l'Ami du Peuple*, *le Populaire* et le *Herald*, à Montréal. *Le Libéral*, à Québec, *le Glaneur*, à Saint-Charles, le *Vindicator* et *la Minerve*, à Montréal, prenaient le parti des Patriotes.

Tous ceux dont les sentiments sont connus, disait le *Herald* en substance, conviennent qu'il faut user d'un certain degré de clémence à l'égard de ceux qui ne furent que de simples instruments, mais nous ne pouvons admettre que les chefs ne soient qu'un *petit nombre d'hommes méchants à vues perverses*. Il ajoutait que l'exécution de six ou huit démagogues, auxquels Son Excellence faisait allusion, ne saurait établir ni maintenir la tranquillité politique.

Chaque agitateur local, dans chaque paroisse, continuait le journal, *doit subir son procès et, s'il est trouvé coupable, il doit perdre ses propriétés et la vie. C'est ainsi que les coupables seront abattus et que toute cause probable de troubles futurs disparaîtra.*

Le *Herald* prônait qu'un cultivateur *étranger* fût installé sur la terre de chaque agitateur local: l'état de dénuement de la veuve et des orphelins de l'exécuté constituerait une preuve vivante *de la folie et de la méchanceté de la rébellion*. Enfin, le journal prônait la formation immédiate d'une commission spéciale pour instruire le procès de tous les traîtres déjà derrière les barreaux. *Il serait ridicule d'engraisser des gens tout l'hiver pour l'échafaud!*

Heureusement, tous les loyalistes ne criaient pas vengeance avec la même soif de sang! Mais, avec l'arrivée de Colborne, le successeur de Gosford, et l'éclosion de nouveaux foyers d'insurrection, l'attitude gouvernementale devait se durcir.

Si un oiseau ne fait pas le printemps, deux livres ne constituent pas une littérature.

Octave Crémazie

Avec la fondation des *Soirées canadiennes*, en 1861, puis du *Foyer canadien*, l'année suivante, les lettres de notre pays, à peine sorties de leurs langes, connurent en quelque sorte une deuxième naissance. Au nombre de ceux qui furent à l'origine de ces deux publications, mentionnons particulièrement l'abbé Henri-Raymond Casgrain pour les fins de la citation qui suit.

Au même moment, rue de la Fabrique, à Québec, la librairie Crémazie était un petit cénacle où se réunissaient les espoirs de notre jeune littérature. Octave Crémazie y accueillait les Taché, les Fréchette, les Ferland, les Garneau, les Gérin-Lajoie, tout heureux d'y rencontrer le baron Charles-Philippe Gauldrée-Boilleau, récemment nommé consul de France, à la suite de la visite de *la Capricieuse*.

Crémazie, davantage poète qu'administrateur, décida de s'expatrier pour se soustraire aux assauts des créanciers. L'abbé Casgrain demeura en contact épistolaire avec lui.

François-Xavier Garneau avait signé, en 1845, 1846 et 1848, les trois tomes de son *Histoire du Canada*, ce qui devait lui valoir le titre d'historien national. En 1854, l'université Laval avait confié sa chaire d'Histoire à l'abbé Jean-Baptiste-Antoine Ferland, qui devait écrire ses *Cours d'histoire du Canada*, en deux tomes dont le premier sortit des presses en 1861, et le deuxième après son décès survenu en 1865.

Pour Crémazie, ces œuvres étaient les deux pierres angulaires de notre *édifice littéraire*, auquel elles avaient posé *une base de granit*. C'est ce qu'il écrivit à l'abbé Casgrain, de France, en 1866, mais il ajoutait : *Si un oiseau ne fait pas le printemps, deux livres ne constituent pas une littérature*. Dans les domaines de la poésie et du roman, disait-il, nous n'avons que des ouvrages de second ordre ; la tragédie, le drame sont encore à naître.

La cause de cette infériorité, continuait-il, *n'est pas dans la rareté des hommes de talent, mais dans les conditions désastreuses que fait à l'écrivain l'indifférence d'une population qui n'a pas encore le goût des lettres, du moins des œuvres produites par les enfants du sol*.

Le poète ajoutait que dans tous les pays civilisés, il était admis que si le prêtre devait vivre de l'autel, l'écrivain devait vivre de sa plume, et que si, avant la Renaissance, les couvents possédaient le monopole des travaux intellectuels, c'était parce que les laïcs qui auraient pu cultiver les lettres n'auraient pu se vouer à un travail qui n'aurait donné du pain ni à eux, ni à leurs familles.

Et Crémazie y allait de suggestions pour améliorer le sort des écrivains, qui devaient pour survivre occuper un emploi souvent contraire à leurs goûts. On devient alors mauvais employé et mauvais écrivain. Et il citait son propre cas : *J'ai été un mauvais marchand et un médiocre poète*.

DÉDAIN

La France peut être heureuse sans Québec.

Voltaire, à Choiseul

Les Canadiens de vieille souche ne pardonnèrent jamais à Voltaire d'avoir assimilé leur pays à *quelques arpents de neige*, ce qui traduisait un certain mépris à l'égard d'une colonie, il faut bien l'admettre, que les coffres royaux tenaient à bout de bras. La Nouvelle-France, appelée pourtant à un si grand avenir, demeurait une terre aussi improductive que coûteuse. Il va de soi, cependant, qu'exprimé en 1757, alors que Montcalm réclame des renforts, un tel avis n'aurait su influencer favorablement le ministre de la Guerre dans ce sens.

Il ne s'agit pas chez Voltaire d'une simple saute d'humeur, d'un caprice passager : il a de la suite dans les idées. L'année suivante, le 5 mai (1758), dans une lettre à Jean-Robert Tronchin, homme politique suisse, il souhaite de bon cœur que le Canada *soit au fond de la mer glaciale, même avec les Révérends Pères jésuites de Québec*. En 1759, le 15 octobre, il écrit à la marquise du Deffand, qui tient à Paris un salon fort bien fréquenté, que le Canada n'est constitué que de déserts glacés, peuplés *de barbares, d'ours et de castors*, alors qu'il y a quinze mille carrosses à Mexico et davantage à Lima, ce qui ne laisse aucun doute sur les paramètres de son appréciation. Aussi Voltaire se fait-il plutôt l'avocat de la Louisiane.

Voltaire n'est pas le seul à entretenir un sentiment aussi désolant. Pendant les années qu'il a passées à Londres, Bougainville y a lié des amitiés qui, plus tard, pendant la guerre du Canada, doivent lui permettre d'échanger des mots de gentilhomme avec des officiers d'*en face*. L'un d'eux, le capitaine James Abercromby, neveu de l'inglorieux vaincu de Carillon, lui écrit: *La paix me serait aussi agréable qu'à vous, et le plus tôt, le meilleur. Je suis de la même opinion que Voltaire, dans* Candide, *que nous faisons la guerre pour quelques arpents de neige dans ce pays.*

En septembre 1760, c'est la capitulation. Voltaire s'accorde-t-il plus d'importance qu'il n'en mérite? En octobre (1760), il rapporte, dans une lettre, que, quatre ans plus tôt, il a offert de vendre le Canada aux Anglais, *ce qui aurait tout fini*, et il ajoute avoir traité avec le frère de William Pitt!

Le 28 août 1761, dans une autre lettre, il émet le voeu que la France soit à jamais débarrassée du Canada! Enfin, neuf jours plus tard, depuis *les Délices*, près de Genève, c'est au duc de Choiseul qu'il s'adresse. Celui-ci est ministre d'État aux Affaires étrangères. Il a l'ingrate mission de préparer le traité de Paris, en vertu duquel la Nouvelle-France deviendra colonie britannique.

Voltaire, tout d'abord, le flatte, lui offrant *son compliment*. Puis, il ajoute: *Je suis comme le public, j'aime beaucoup mieux la paix que le Canada, et je crois que la France peut être heureuse sans Québec.*

La paix de 1763 devait combler les voeux de Voltaire. Qu'aurait-il écrit s'il avait été de ce monde, en 1803, quand Bonaparte vendit la Louisiane pour quinze millions de dollars?

DÉFI

Nous allons déjeuner, puis vous aurez le plaisir d'expédier un autre Canadien dans l'au-delà !

Le lieutenant de Salaberry, à un capitaine allemand

Philippe Aubert de Gaspé a été un remarquable conteur. Ses *Anciens Canadiens* ont allègrement survécu à l'oubli et ses *Mémoires* ont gardé toute leur vivacité. Par contre, si les anecdotes qu'il rapporte ont certainement un fond de vérité, il en a sans doute enjolivé certaines. Le docte Aegidius Fauteux nous en prévient quand il écrit : *Je dois à la vérité de dire...* il faut comprendre que quelques détails ont peut-être été un peu montés en épingle.

Nous évoquons ailleurs la figure de Charles-Michel d'Irumberry de Salaberry, le *Léonidas canadien*, le vainqueur de Châteauguay. Au moment où va se dérouler le duel rapporté ci-après, le jeune lieutenant de Salaberry fait partie du 60e Régiment, en service soit en Jamaïque, soit en Martinique, aux côtés d'un autre Canadien, le lieutenant Hippolyte Desrivières. Cette unité est une véritable mosaïque : Anglais, Prussiens, Suisses et Hanovriens s'y côtoient.

Un jour, le lieutenant de Salaberry vient de s'attabler quand surgit un officier allemand. Celui-ci le fixe d'un air insolent et lui dit sans autre préambule : *Je viens d'expédier un Canadien français dans l'autre monde !* Il a occis le lieutenant Desrivières en duel.

Le sang du lieutenant de Salaberry ne fait qu'un tour, mais l'officier réprime ce premier mouvement. Reprenant son calme, il lui répond : *C'est bien, monsieur, nous allons déjeuner, puis vous aurez le plaisir d'expédier un autre Canadien français.*

Selon Aubert de Gaspé, l'engagement fut long. Le Canadien avait pour lui la souplesse de la jeunesse, mais l'Allemand, l'astuce du ferrailleur impénitent.

Salaberry reçoit au front un coup de sabre dont il arborera la marque toute sa vie. Ses témoins veulent mettre fin au combat, mais il s'y refuse. Il se bande la tête d'un mouchoir et reprend le duel. Aubert de Gaspé en résume la fin en quelques mots tout émaillés de vieux français : *Je dois à la vérité de dire que le capitaine allemand oncques depuis n'occit ni Canadien français ni autre personne.*

Dans *Le Duel au Canada*, Aegidius Fauteux s'est penché sur la véracité de cette anecdote. Hippolyte Desrivières, estime-t-il, peut fort bien être passé de vie à trépas dans les circonstances qu'Aubert de Gaspé relate. Dès 1794, il était lieutenant dans le 2e bataillon du 60e Régiment, et c'est sans doute peu après son mariage avec Thérèse Bouchette, sœur du célèbre géographe canadien, le 16 novembre 1795, qu'il alla retrouver son bataillon en Martinique. En l'année 1800, sa femme est déjà identifiée comme veuve aux registres de l'état civil. Quant au lieutenant de Salaberry, il servit certainement en Martinique en même temps que Desrivières. Mais, ne serait-ce pas *pour la beauté de la chose* que Philippe Aubert de Gaspé lui a fait occire l'insolent capitaine teuton ? Fauteux n'est pas loin de le croire, surtout qu'à cette époque, le pistolet, plutôt que le sabre, était l'arme *privilégiée* des duels.

Emparons-nous du sol !

Le curé Labelle

Ailleurs, dans ces pages, nous évoquons la sympathique figure du *Roi du Nord*. Outre une résolution inébranlable et un dynamisme qui déplaçait les montagnes, le curé Labelle était animé d'une générosité débordante. Le journaliste et écrivain Arthur Buies, qui l'a bien connu, en a cité plusieurs exemples.

C'est vers le *gros curé* que le gouvernement fédéral se tourne quand il décide de faire appel à des immigrants français, au moment où le rail ouvre les Prairies de l'Ouest à la colonisation. À deux reprises, l'apôtre des Laurentides visitera la France dans la poursuite de cet objectif.

Son pays, il est prêt à le partager. *Emparons-nous du sol*, conseilla-t-il à ses compatriotes pour tenter de juguler la désertion des nôtres vers la Nouvelle-Angleterre, *mais emparons-nous du sol loyalement, légitimement, sans faire de tort aux autres. Bien au contraire, accueillons fraternellement tous ceux de race et de cultes différents, mais animés du même élan légitime, et qui viennent en cette terre libre d'Amérique chercher leur subsistance et celle de leur famille.*

C'est un extraordinaire promoteur, un homme de vision. Pour lui, l'avènement du chemin de fer transcontinental serait la réalisation d'un pont international entre l'Europe et l'Asie, et ferait du Canada une *nouvelle Russie en Amérique*.

Mais s'il prête sa prestigieuse personnalité au projet d'ouvrir l'Ouest à la colonisation, il ne néglige pas *son* Nord et parvient à le doter d'une ligne ferroviaire. Ce projet accapare tellement son esprit qu'au confessional, il lui arrive de prescrire à ses pénitents des chemins... de fer, plutôt que de croix!

En janvier 1872, Montréal compte un nombre exceptionnel d'indigents qui ne parviennent pas à chauffer leur foyer. Pour le curé Labelle, l'occasion est excellente de démontrer combien un chemin de fer serait utile et, en même temps, de donner cours à sa générosité. Il embrigade aussitôt de ses ouailles jérômiennes dans une corvée et, à la tête d'un défilé de quatre-vingts voitures, il arrive à Montréal avec soixante cordes de bois à l'intention des miséreux.

Il ne faudrait pas croire qu'il subordonne ses actions charitables à la réalisation de ses ambitieux projets. Un jour, alors qu'il déambule dans les rues de Québec, — il est alors sous-ministre de l'Agriculture et de la Colonisation, — un citoyen de foi protestante qui l'admire le croise sur le trottoir et constate que sa soutane est plutôt élimée. Spontanément, celui-ci lui glisse dans la main un billet de vingt dollars.

C'est pour que vous soyez vêtu convenablement, monseigneur, lui dit-il.

Le gros curé l'en remercie. Un peu plus loin, il rencontre une pauvre femme qui sollicite son aide et elle reçoit le billet à son tour. Le généreux donateur, l'ayant appris, lui fit livrer une soutane prête à porter.

C'était un cœur immense, plus grand encore que son génie, écrira de lui Arthur Buies, qui l'a vu à l'œuvre pendant beaucoup d'années.

Donnez-moi trois cents femmes et je vous peuplerai le Nord!

Le curé Labelle

Évoquons encore une fois la pittoresque et sympathique figure du curé Labelle, surnommé le *Roi du Nord*. Le moins que l'on puisse dire, c'est que le personnage ne manquait ni d'enthousiasme, ni de résolution, dans la poursuite de son objectif le plus cher: celui de jeter les bases de paroisses nouvelles dans le secteur des Laurentides situé au nord de Montréal.

C'était un homme de stature imposante, qui portait allègrement ses cent cinquante kilos. Rien ne l'arrêtait quand il avait conçu un programme d'action; il se plaisait à dire qu'il renverserait tous les obstacles, qu'il franchirait tous les précipices, qu'il culbuterait les montagnes s'il le fallait.

Emparons-nous du sol, prêchait-il dans ses croisades en faveur de la colonisation. Mais pour s'emparer du sol, il fallait y implanter des familles. Un jour, dans l'une des pittoresques envolées qui caractérisaient son éloquence, il s'écria : *Donnez-moi trois cents femmes et je vous peuplerai le Nord !*

Ce véritable défi tombé des lèvres d'un hercule avait de quoi faire sourire les esprits mal tournés, et son fidèle ami, le littérateur Arthur Buies, devait en faire... des gorges chaudes.

Le curé Labelle comptait sur l'indéfectible dévouement des mères de famille pour mener à bien son œuvre ; il les exhortait à la fécondité et louait leur observance du précepte de l'Écriture. Il le fit même au cours de ses tournées européennes.

En 1890, devant un auditoire parisien, il se livra à un parallèle qui dut en étonner plusieurs : *Au Canada, les Anglais ont des institutions puissantes et prospères, ils ont les banques de Québec et de Montréal, tandis que nous, nous avons des banques meilleures que tout cela, car ces banques, ce sont nos femmes canadiennes, qui nous donnent souvent jusqu'à dix et quinze enfants, et qui, à quarante ans, paraissent encore des jeunes filles.*

Comme l'on dirait dans la région du Lac-Saint-Jean, le curé Labelle *en avait grand d'équipé* ! En 1890, il était à Rome. Après s'être prosterné devant le pape, il retenait l'attention des cardinaux-ministres : lui qui avait déconcerté tant de gens par la hardiesse de ses projets n'avait pourtant pas draîné son réservoir d'initiatives.

Léon XIII, disait-il, peut sauver Rome en faisant de celle-ci... un port de mer : il suffit pour cela de creuser un canal maritime. Ceci assainirait des millions d'acres de terre qui ne produisent que des fièvres paludéennes, transformerait des marécages de malaria en champs de blé, donnerait du travail à tous les chômeurs du pays et assurerait à la capitale du monde catholique une prospérité et une splendeur dignes de sa noble mission. Et, ajoutait-il, c'est à genoux que l'univers entier souscrirait les actions offertes pour la réalisation de l'entreprise !

DÉPIT

Un vaisseau de ligne et Québec était à nous !

L'ingénieur Desandrouins

Nous évoquons ailleurs la bataille des Plaines d'Abraham, qui a coûté la vie aux deux généraux en présence. Wolfe désespérait de pouvoir débarquer ses troupes soit en aval, soit en amont de Québec pour s'emparer de la place, et il se préparait à lever le siège quand ses brigadiers le convainquirent de tenter d'établir une tête de pont là où les Français ne pensaient pas que l'ennemi oserait le faire.

L'année suivante, les Anglais bénéficièrent d'un autre concours de circonstances. Après la mort de Montcalm, Lévis avait pris le commandement des troupes et avait retraité jusqu'à Montréal en attendant le printemps. Le 26 avril, il remportait la victoire de Sainte-Foy. Les Anglais, sortis de Québec à la rencontre des Français, s'y replièrent en désordre : ils avaient perdu le tiers de leurs effectifs. John Knox, qui écrivit par la suite un journal de sa participation aux campagnes du Canada et qui s'était battu à Sainte-Foy, y exprima l'avis que si les Français avaient poursuivi les Anglais dans leur déroute, ils se seraient emparés de la place.

Lévis jugea plus raisonnable d'assiéger la ville, sans doute dans l'espoir que, d'un jour à l'autre, la navigation étant rouverte, des renforts viendraient de France.

Mais les Anglais aussi étaient pressés de revenir dans le Saint-Laurent afin de donner le coup de grâce à la colonie, car Trois-Rivières et Montréal demeuraient aux mains des Français. Or, c'est le *Lowestoft*, une voile anglaise, qui doubla tout d'abord l'île d'Orléans. Mais Jean Vauquelin, qui avait passé l'hiver à Sorel, l'attendait avec *l'Atalante*, *la Pomone* et *la Pie*. Vers le même moment, le *Vanguard* et la *Diana* atteignaient le Bic, premières unités d'une importante flotte.

Pris au piège dans les murs de Québec, James Murray, le commandant, avait dépêché un courrier au-devant de la flotte. Robert Swanton, capitaine du *Vanguard*, ne voulut pas attendre plus longtemps. Il remonta le fleuve en même temps que la *Diana*. Pour sauver les réserves de vivres et de munitions, Vauquelin attira le *Lowestoft* et la *Diana* plus haut. Nous relatons ailleurs les derniers moments de l'*Atalante*.

Pendant ce temps, Swanton canonnait les positions de Lévis, qui devenaient intenables. Lévis n'eut d'autre choix que de se retirer en hâte. *Un vaisseau de ligne et Québec était à nous!* écrivit avec dépit l'ingénieur militaire Jean-Nicolas Desandrouins, aide de camp de Lévis, qui avait dirigé le creusage des tranchées pendant le siège de Québec.

Ainsi, le sort de la Nouvelle-France ne tenait qu'à une voile! L'escadre anglaise qu'attendait Swanton était devant Québec le 18 mai. Si Lévis avait repris la ville, les Anglais seraient-ils parvenus à en déloger les Français une seconde fois? Peut-être, car la France avait aussi envoyé une petite flotte au secours de la colonie, mais en apprenant que l'escadre anglaise l'avait précédé dans le Saint-Laurent, son commandant rebroussa chemin. Quatre mois plus tard, la Nouvelle-France capitulait.

Il est ici comme à Versailles, il est sans cœur et sans entrailles.

Inscription peinte sous la statue de Louis XV

La signature du traité de Paris, en 1763, fut une source d'humiliation pour les Français. Il est vrai que Louis XV recouvrait la Martinique, la Guadeloupe et des comptoirs en Afrique et en Inde, mais il perdait le Canada, ses territoires à l'est du Mississipi et la Louisiane. La France, l'Angleterre et le Portugal mettaient ainsi fin à la désastreuse guerre de Sept Ans.

On conçoit facilement la tristesse du peuple. En beaucoup de milieux, on tenait le roi pour responsable des circonstances qui avaient obligé le pays à s'agenouiller en quelque sorte devant les Anglais ; on ne lui pardonnait pas, par exemple, d'avoir laissé sa favorite, Mme de Pompadour, dilapider l'argent de l'État pour satisfaire ses fantaisies et ses frivolités.

En 1748, les échevins et le prévôt des marchands de Paris commandaient une statue de Louis XV, le *Bien-Aimé*, au sculpteur Edme Bouchardon, et c'est le grand architecte Jacques-Ange Gabriel qui eut la responsabilité de concevoir le cadre dans lequel elle serait éventuellement érigée : la place Royale — aujourd'hui, la Concorde.

Bouchardon décéda en 1762 ; il avait chargé Jean-Baptiste Pigalle de terminer son œuvre. C'est le 20 juin 1763 que la statue fut dévoilée, à peine plus de quatre mois après la conclusion du traité de Paris. Le roi, à cheval, arborant le *visage de bonté et de clémence qui le caractérisait*, était vêtu à la romaine, coiffé d'un catogan et couronné de lauriers. Aux quatre angles du piédestal, des statues de bronze représentaient *les vertus qui le faisaient régner sur les cœurs*, soit : la *Force*, la *Justice*, la *Prudence* et... la *Paix*.

Cette paix, le peuple jugeait probablement que son roi l'avait payée trop cher, et celui-ci ne régnait plus sur tous les cœurs !

Quelques jours après l'inauguration, on aperçut une pancarte accrochée au cou du cheval :

Oh ! la belle statue ! Oh ! le beau piédestal !
Les Vertus sont à pied, le Vice est à cheval !

Puis, ce fut une inscription que l'on peignit sur le socle :

Il est ici comme à Versailles,
Il est sans cœur et sans entrailles.

Au mois d'août 1792, la statue était renversée et envoyée à la fonte ; on lui en substituait une autre, de la *Liberté*, en maçonnerie et plâtre, colorée en bronze et coiffée du bonnet rouge.

Le 21 janvier 1793, sur la place, Louis XVI était décapité. Plus d'un millier d'autres Français y subirent le même sort. Cette place *Louis-XV* s'appela *de la Révolution* en 1792, puis *de la Concorde* trois ans plus tard, appellation qu'elle retrouva en 1830 après avoir de nouveau porté le nom de *Louis-XV*, puis celui de *Louis-XVI*.

Restez donc esclaves !

La Fayette, à des prisonniers canadiens

En février 1777, La Fayette, capitaine au régiment de Noailles, s'engage dans l'armée des treize colonies qui, à l'instigation de Benjamin Franklin, ont tenu un premier congrès à Philadelphie trois ans plus tôt, ce qui devait conduire à la proclamation de l'indépendance en 1776. Il pose une condition : qu'on lui donne le grade de major général. Avec une douzaine d'autres officiers, il s'embarque sur un navire qu'il a acheté.

Blessé à la bataille de Brandywine, on lui confie le commandement d'une division de Virginiens. En 1778, il participe aux combats de Monmouth, sous le général Lee, et de Newport, au Rhode Island. En janvier 1779, il rentre en France.

Depuis que, sous Choiseul, a été signé le traité de Paris, la France attend tout naturellement l'occasion de se venger de l'Angleterre. Le comte de Vergennes, ministre des Affaires étrangères, croit que l'occasion s'en offre, et que l'on pourrait reconquérir le Canada : selon les protagonistes de cette politique, il suffirait d'un corps expéditionnaire de dix mille hommes, dont on pourrait quadrupler l'importance en distribuant trente mille fusils aux Canadiens !

Il semblait, écrivait Victor du Bled, en 1885, *que la France fût créée et mise au monde pour faire les affaires du genre humain, qu'elle allait avoir ses chevaliers errants de la liberté des peuples, véritables don Quichottes de la politique du sentiment, toujours disposés à frapper d'estoc et de taille, sans plus de discernement et de prévoyance que leurs devanciers du moyen âge*.

En décembre 1779, quand son épouse lui présente son premier et unique fils, La Fayette le prénommera Georges-Washington-Louis-Gilbert. Il a très certainement fait sienne la cause des insurgés, et on peut croire que, lorsqu'il se rembarque pour l'Amérique, à la mi-mars 1780, la reconquête du Canada lui apparaît comme l'objectif d'un rêve... réaliste.

Il reprend du service en Virginie et participe à la prise de Yorktown, où les Français composent l'aile gauche, l'escadre du comte de Grasse jouant un rôle de premier plan dans l'action.

Frontenac vivait loin de son épouse depuis assez longtemps. Louis XIV l'avait nommé gouverneur de la Nouvelle-France pour

Parmi les prisonniers que font les forces de Washington, il y a évidemment des Canadiens, et La Fayette comprend difficilement qu'ils servent la cause de l'Angleterre. Ignore-t-il que Londres, pour gagner leur loyauté, leur a donné l'Acte de Québec en 1774?

Quoi ! s'exclamait Lafayette quand il en rencontrait, *vous vous êtes battus pour demeurer des colons plutôt que d'épouser la cause de l'indépendance ? Restez donc esclaves !*

C'est à Versailles, en 1783, qu'un traité ratifia l'indépendance des États-Unis. La Fayette rentra en France dès après la victoire de Yorktown. Il avait été le seul officier français à recevoir, au service de la jeune république, le grade prestigieux de maréchal de camp.

Je ne veux point d'un cœur mort qui, vivant, ne m'a point appartenu.

Mot prêté à la comtesse de Frontenac

Il est des *mots historiques* qui ont été prononcés ; d'autres, écrits ; certains, prêtés. On ne prête qu'aux riches, et celui-ci appartient fort probablement à la troisième catégorie, car Mme de Frontenac était riche de grâce et de prestigieux amis.

Vers la mi-novembre 1698, l'irascible Frontenac convoque deux notaires pour leur dicter ses dernières volontés. Il veut que le cœur de *luy Seigneur testateur* soit *séparé de son Corps et mis en garde dans une boête de plomb ou d'argent*. Le vieux gouverneur souhaite que son cœur soit déposé en la chapelle de la famille de Montmor, à l'église Saint-Nicolas-des-Champs, à Paris. Pourquoi? Henri-Louis Habert de Montmor, l'un des *Quarante* choisis par Richelieu pour fonder l'Académie française, avait épousé sa sœur préférée, Henriette-Marie; c'était un personnage d'une importance indiscutable, et on le considère comme l'un des fondateurs de Montréal.

le soustraire aux réclamations de ses créanciers. Il occupa ce poste une première fois pendant dix ans, et une seconde, pendant neuf ans, soit jusqu'à son décès survenu à Québec.

Quant à la comtesse de Frontenac, on l'avait surnommée la *Divine* à la cour. Le duc de Saint-Simon, dans ses célèbres *Mémoires*, la qualifiait de déesse. C'était à coup sûr une mondaine, une étoile qui gravitait autour du Roi-Soleil. On peut facilement deviner qu'elle eut fort peu l'occasion de souffrir de l'*exil* de son époux. Des malins ont écrit qu'elle était même intervenue en haut lieu pour obtenir sa nomination au détriment du comte de Grignan, le gendre de Mme de Sévigné.

Qu'est-il advenu du cœur de Frontenac? Peut-être ne le saura-t-on jamais. Joseph Marmette, archiviste et historien, dans une note figurant au bas d'une page de son roman intitulé *François de Bienville*, écrit qu'en recevant le coffret, la comtesse remarqua: *Je ne veux point d'un cœur mort qui, vivant, ne m'a point appartenu.*

Il n'est pas facile de croire à une telle méchanceté, et plus naturel de l'attribuer aux langues trop bien pendues.

Les restes du gouverneur furent inhumés sous les voûtes de l'église des Récollets, à Québec, et celle-ci fut incendiée en 1796. Parmi ceux qui assistèrent au sinistre figurait Philippe Aubert de Gaspé, qui allait plus tard signer *Les Anciens Canadiens*. Il affirma que lorsque fut exhumé le cercueil du comte de Frontenac, la petite boîte de plomb contenant son cœur se trouvait dessus.

Que conclure? Le coffret avait-il été rapporté de France après que la veuve eut refusé de le recevoir? Si le cœur avait été retiré de la poitrine selon le désir du testateur, n'était-ce pas justement pour respecter ses dernières volontés?

Malheureusement, tous les registres de la paroisse Saint-Nicolas-des-Champs ayant été détruits lors de la Révolution française, l'énigme demeure entière.

Les Canadiens invitent les Français pour cultiver leurs terres : c'est une véritable traite des Blancs !

L'abbé Lelong

Cette page en fera sursauter plusieurs. Les relations entre la France et son ancienne colonie américaine, renouées en 1855 avec la visite de *la Capricieuse*, ne devaient pas filer que de parfaites retrouvailles. À toute règle, ne se trouve-t-il pas quelque exception?

1891 : plusieurs événements jalonnent cette année. Une certaine France se remet à peine de l'accueil que l'on a ménagé, au Canada, l'année précédente, au comte de Paris, et que l'on a en certains milieux dénoncé, de ce côté-ci de l'Atlantique, comme un complot royaliste. Et le Canada se remet tout aussi difficilement des remarques que le pédagogue Pierre de Coubertin, le futur initiateur des Jeux olympique modernes, a formulées à l'endroit de notre enseignement.

Toujours en 1891, la France accueille Honoré Mercier, *un ministre français en Amérique* écrira un journal parisien, *le Libéral* (4 avril 1891). Au cours de l'été, le vice-amiral de Cuverville, à bord de *la Naïade*, et le capitaine Puech, qui commande la corvette *Bisson*, remontent le Saint-Laurent; celle-ci négocie le chenal jusqu'à Montréal et son équipage bénéficie d'un accueil chaleureux qui conduira les marins jusqu'à Vaudreuil.

Ces échanges, bien sûr, s'accompagnent d'un concert d'éloges, des deux côtés de l'Atlantique. Mais il est rare qu'une fausse note ne vienne pas assombrir quelque peu l'harmonie d'un concert.

Plusieurs Français ont répondu à l'appel du Canada, les invitant à mettre en valeur les Prairies ouvertes à la colonisation grâce au chemin de fer transcontinental. Même le curé Labelle a prêté sa personnalité aussi prestigieuse que pittoresque à la réalisation de ce programme.

Mais toutes les recrues venues du *vieux pays* n'ont ni la résolution ni le muscle des pionniers du XVIIe siècle. La déception en guette plusieurs. Leurs doléances trouveront une oreille sympathique chez un certain abbé Lelong, qui bénéficie d'une tribune privilégiée, celle des conférences Sainte-Geneviève. La *Revue Fénelon* (numéro 10, 16 mai 1891) donne un compte rendu de la séance tenue le 28 avril sous la présidence de l'évêque de Chartres, Mgr Lagrange. On y résume deux conférences de l'abbé Lelong qui ont été *une révélation*.

Nous nous représentions le Canada sous un jour favorable. À nos yeux, il était l'équivalent d'une colonie française où nos compatriotes devaient trouver des frères et des situations lucratives : c'était un véritable Eldorado. M. l'abbé Lelong nous a montré le Canada sous son vrai jour. L'amour des Canadiens pour la France est un mythe. Les habitants de la Nouvelle-France n'ont pour nous que de la politesse. Et quand ils nous invitent à aller au Canada, c'est pour nous faire cultiver leurs terres, qu'ils abandonnent pour les professions libérales. C'est une véritable traite des Blancs.

Nos autochtones n'étaient pas les seuls à manier la métaphore !

DÉSINVOLTURE

Mes enfants, la journée sera chaude !

Montcalm à ses troupes, à Carillon

Lorsque, le 30 juin 1758, Montcalm arrive à Carillon, il constate le délabrement du fort, et surtout son emplacement désavantageux : on ne l'a pas érigé au point le plus élevé. Il n'attendra donc pas l'ennemi en un aussi piètre retranchement : c'est à découvert, sur les hauteurs de la péninsule, qu'il livrera combat, même si Abercromby dispose de quatre fois plus d'hommes que lui.

En toute hâte, il fait dresser des abattis. *Activité et audace, voilà nos seules ressources*, écrit-il dans son journal. Visiblement, Abercromby tâtonne quant à sa stratégie : *s'il me donne le temps de gagner la position que j'ai choisie et de m'y retrancher*, écrit encore Montcalm, *je le battrai*.

Les officiers, la hache à la main, donnent l'exemple aux soldats. Les troncs d'arbres se superposent, formant une palissade ponctuée d'angles sortants et rentrants. Le soir du 7 juillet, on a complété l'ouvrage. Les Anglais se présenteront le lendemain !

Montcalm a disposé ses régiments: à gauche, La Sarre et Languedoc; à droite, Guyenne, Béarn et La Reine; au centre, Royal-Roussillon et Berry.

Dès le point du jour, le 8, les tambours battent la générale chez les Français. À midi, l'armée anglaise se présente et, sur quatre colonnes, monte à l'assaut. Montcalm tombe la veste, saisit son épée et se tourne vers les bataillons qui constituent le centre de son armée: *Mes enfants, la journée sera chaude!*

Elle l'est. La position est imprenable. Même les grenadiers et les montagnards écossais, soldats d'élite, se font tailler en pièces. *En avant, Canadiens!* C'est Lévis qui ordonne une sortie aux troupes coloniales. Il reçoit deux balles dans son chapeau.

L'ennemi se retire, emportant le plus possible de ses morts. Le 11, il en reste huit cents au pied des retranchements, et les Français les enterrent.

Quand la nouvelle de cette victoire arrive à Versailles, les honneurs pleuvent: le marquis de Vaudreuil et Montcalm sont faits grands-croix de Saint-Louis; celui-ci est promu lieutenant général des Armées du roi, et Lévis reçoit le grade de maréchal de camp. Des officiers, tels Bourlamaque, Sennezergues et Dumas, deviennent brigadiers ou majors généraux.

Mais Louis XV tient à marquer de façon particulière son appréciation des services exceptionnels du marquis de Montcalm: il lui destine un riche présent, un vase précieux, artistement travaillé par des artisans renommés. Mais ce vase, le vainqueur de Carillon ne le recevra pas. Le voilier qui le lui apporte tombe aux mains des Anglais.

Longtemps exposé dans la riche collection de lord Ashburton, on le vendit aux enchères en 1869, et il fut adjugé pour 42 053 francs à un certain lord Boiford. Quelqu'un sait-il ce qu'il en est advenu?

DÉTACHEMENT

Dieu soit loué, je vais mourir en paix.

Le général James Wolfe

Le 13 septembre 1759, sur les Plaines d'Abraham, se mesurèrent deux généraux minés par le défaitisme. Montcalm s'était acquitté jusque-là de tâches dépassant le maximum de rendement que l'on pouvait exiger de troupes toujours inférieures en nombre. *Ah ! que je vois noir !* écrivait-il le 12 janvier 1759 à Lévis. *Si la guerre dure, la colonie périra d'elle-même... Qui diable sait où tout en sera le 1er novembre 1759 ?* Nous savons qu'il sera décédé un mois et demi plus tôt.

Quant à James Wolfe, la dysenterie l'affaiblit ; au mois d'août, il doit garder le lit pendant plusieurs jours. La fortune des armes ne lui sourit guère : le dernier jour de juillet, il a tenté d'établir une tête de pont près de la chute Montmorency, mais il a joué de malheur et y a perdu deux cents hommes.

Pour conquérir Québec, il lui faut assiéger la ville par terre. Mais, où donc prendre pied? En aval? En amont? Ses proches sont divisés. Il commence à désespérer de l'entreprise. S'il ne peut prendre Québec, il se propose de *mettre la ville à feu* au moyen d'obus, de *détruire les moissons, les maisons et le bétail*, et de ne laisser derrière lui *que famine et désolation*.

Les Français montent la garde sur la rive gauche du fleuve. Bougainville surveille l'amont, suivant à terre les mouvements de la flotte ennemie pour prévenir toute tentative de débarquement.

Autour de Wolfe malade, les généraux de brigade ne s'entendent pas sur la meilleure stratégie. Le 30 août, Wolfe écrit à l'amiral Saunders : *Je suis conscient de mes propres erreurs dans le cours de la campagne, et j'estime qu'un peu plus ou un peu moins de blâme pour un homme qui doit nécessairement être perdu est de minime ou de nulle conséquence.*

Le 9 septembre, c'est au secrétaire d'État Holderness qu'il écrit: *Je suis assez rétabli pour m'occuper du service, mais ma constitution est entièrement ruinée, sans que j'aie la consolation d'avoir rendu aucun service considérable à l'État, et sans que j'aie l'espoir d'en rendre.*

Ces deux citations traduisent assez bien, sans doute, l'état d'âme du général. Protégé de William Pitt, il doit éprouver une grande tristesse à la pensée de le décevoir.

Et quand les Anglais prennent pied à l'anse au Foulon et à l'anse des Mères pour monter à l'assaut du cap Diamant, Wolfe, qui ne croit aucunement à cette opération, semble-t-il, se fait réciter du poète Thomas Gray l'*Élégie écrite dans un cimetière campagnard*, ajoutant: *Je souhaiterais être davantage l'auteur de ce poème que de battre les Français demain.*

On sait le reste. Par son comportement, Wolfe défia la mort. Deux balles reçues en pleine poitrine le fauchèrent. *Ils fuient, ils fuient!* cria-t-on près de lui. — *Qui ça?* demanda-t-il dans un dernier souffle. — *Les Français!* — *Dieu soit loué*, rétorqua-t-il, *je vais mourir en paix*. La paix du devoir accompli!

Ce n'était point l'indifférence et ce ne fut pas l'abandon.

Firmin Roz, au sujet de la cession du Canada

Le comportement de Versailles à l'égard de sa lointaine colonie d'Amérique, pendant la guerre de Sept Ans, fit couler beaucoup d'encre et suscita des opinions diamétralement opposées, parfois selon que l'historien était de la France ou du Canada. L'abbé H.-R. Casgrain, par exemple, fit preuve de sévérité à l'endroit du marquis de Montcalm et des officiers qui commandaient les soldats réguliers et les miliciens chargés de défendre la Nouvelle-France, notamment à cause des profondes divergences qui existaient entre Montcalm, le stratège venu du *vieux pays*, et le marquis de Vaudreuil, le premier Canadien — et le seul d'ailleurs — à accéder au poste prestigieux de gouverneur; les propos que l'on prête à Mme de Pompadour et l'opinion de Voltaire au sujet des *arpents de neige* ont soulevé chez lui une amertume fort compréhensible.

Comme *une médaille a deux faces*, veut un dicton, la sagesse exige qu'on en scrute autant l'avers que le revers.

En 1756, la France et l'Angleterre, membres de deux coalitions adverses, sont en guerre. La première a-t-elle le choix? La deuxième a arraisonné et saisi quelque trois cents de ses navires de commerce l'année précédente. Notre propos n'est pas de jauger les facteurs qui conduisirent à ce conflit, mais il est généralement admis que la rivalité coloniale franco-anglaise contribua à l'allumer. Une fois engagée dans un engrenage qui risque de la broyer, la France peut-elle accorder au Canada la priorité de son attention?

Quand les ennemis déposent les armes, les traités de Hubertsburg et de Paris ont changé l'équilibre relatif des puissances. La France cède presque toutes ses possessions américaines et indiennes ; l'Angleterre possède désormais son premier empire colonial.

Versailles a demandé à Montcalm, en quelque sorte, de tenir jusqu'au dernier homme : on ne peut lui envoyer les renforts sollicités en son nom par Bougainville. Le commandant en chef ne saurait compter sur quelque miracle, et pourtant, les historiens savent que ce miracle est venu près de se réaliser. Montcalm a même envisagé la retraite des forces françaises en Louisiane.

Ce que l'on ignore parfois, c'est que Choiseul, chargé des Affaires étrangères, et Belle-Isle, ministre de la Guerre, conçurent une opération hardie : rien de moins qu'un débarquement... en Angleterre, ce qui aurait exigé la concentration de toutes les forces navales et suffisamment de troupes pour assurer des têtes de pont non seulement en Angleterre proprement dite, mais aussi en Irlande et en Écosse. Un tel projet n'était-il pas né du désespoir? Moins d'un demi-siècle et près de deux siècles plus tard, Napoléon et Hitler ne devaient-ils pas, respectivement, caresser semblable utopie?

Pour l'historien français Firmin Roz, l'attitude de Versailles à l'égard du Canada s'explique : *Ce n'était point l'indifférence et ce ne fut pas l'abandon*.

DÉTERMINATION

J'irai au Montréal quand tous les arbres de l'île se devraient changer en autant d'Iroquois.

Le sieur de Maisonneuve, au gouverneur de Montmagny

Au moment où le XXe siècle s'achemine vers sa dernière décennie, cette citation apprise par les aînés sur les bancs de la petite école peut faire sourire les esprits dubitatifs. C'est Dollier de Casson, dans son *Histoire du Montréal*, qui la place sur les lèvres du gentilhomme champenois chargé de jeter les bases de l'avant-poste de Ville-Marie.

Car, il s'agit bien d'un avant-poste dans toute l'acception du terme, et si l'on est tenté de douter que le sieur de Maisonneuve ait exprimé sa résolution en ces termes exacts, il faut bien admettre que ceux-ci traduisent fidèlement son respect de l'engagement auquel il avait souscrit.

Examinons la situation, en Nouvelle-France, au moment où les futurs *Montréalistes* arrivent à Québec, à l'automne de 1641.

La colonie ne compte encore que deux cents Européens. L'omniprésence des Iroquois est telle que l'on s'est même demandé s'il ne serait pas prudent d'abandonner la modeste *abitation* nichée sous le cap Diamant. Débarquent des *illuminés* qui ont reçu la mission d'établir une tête de pont évangélisatrice plus haut, là où des sauts barrent la route vers l'ouest: une aberration.

Charles Huault de Montmagny a succédé à Samuel de Champlain. Ce chevalier de Malte ne manque pas de sens pratique. Comment lui reprocher de représenter au chef de cette poignée de colons qu'il serait plus rationnel pour ceux-ci de consolider le poste de Québec.

Mais le sieur de Maisonneuve lui explique que la Société de Notre-Dame de Montréal, dont le principal instigateur est l'abbé Jean-Jacques Olier, de Paris, poursuit un objectif mystique: ce premier contingent ne saurait pour cela s'incorporer aux pionniers de Québec. Alors, pourquoi ne pas se fixer dans l'île d'Orléans? Le poste envisagé y bénéficiera de l'isolement recherché tout en assurant le regroupement à Québec, en temps de crise, des hommes disponibles.

En août 1640, la Société de Notre-Dame de Montréal est devenue propriétaire de l'île de Montréal, non de l'île d'Orléans, et le mandat qu'elle a confié au sieur de Maisonneuve est clair. Ce que l'on désigne déjà comme une *folle entreprise* est *entre les mains du Tout-Puissant*, et même si le lac Saint-Pierre est devenu le carrefour de prédilection des Iroquois depuis qu'ils ont rompu la paix, rien n'ébranlera la détermination de Maisonneuve.

Ce que vous me dites serait bon, répond-il au gouverneur, *si on m'avait envoyé pour délibérer et choisir un poste; mais ayant été déterminé par la compagnie qui m'envoie que j'irais au Montréal, il est de mon honneur, et vous trouverez bon que j'y monte pour commencer une colonie, quand tous les arbres de cette île se devraient changer en autant d'Iroquois*.

Un chevalier de Malte n'aurait pu demeurer insensible à cette argumentation: il tint à accompagner le sieur de Maisonneuve pour reconnaître les lieux.

Pour moi, je le ferai!

Pierre Le Moyne d'Iberville

Certains historiens l'ont surnommé le premier grand Canadien. En tout cas, il connut une brillante carrière, c'est le moins qu'on puisse dire. L'un des fils de Charles Le Moyne, il vit le jour à Montréal en 1661. Lui et ses frères connurent la gloire dans les guerres qui, en Amérique, résultèrent des rivalités franco-anglaises, et plusieurs d'entre eux y sacrifièrent leur vie.

En 1686, Pierre Le Moyne d'Iberville entre au service du roi. Pendant quatre ans, il combattra sur les bords de la baie d'Hudson pour en chasser les Anglais et se signalera souvent par une initiative et un courage exceptionnels.

En 1690, le gouverneur de Frontenac lance une campagne d'hiver contre les colonies anglaises sises au sud de la Nouvelle-France. Le détachement comprend plus d'une centaine de Canadiens et presque autant d'Indiens. Objectif: détruire Corlaer (aujourd'hui Schenectady, N.Y.), pour venger le massacre de Lachine. Iberville commande en second, sous son frère, Jacques Le Moyne de Sainte-Hélène, et Nicolas d'Ailleboust de Manthet. Objectif atteint: soixante Anglais massacrés, une cinquantaine d'épargnés et vingt-cinq faits prisonniers.

Iberville ne craint pas la froidure. C'est l'hiver, chaussé de raquettes, qu'il surprend les Anglais bien au chaud dans leurs forts, au moment où, bien sûr, ils se sentent le plus en sécurité.

Après avoir guerroyé au nord et au sud, Iberville songe maintenant à déloger les Anglais de Terre-Neuve. Ceux-ci y pêchent la morue et en font un commerce lucratif. Mais, comment les surprendre? Pendant la belle saison, l'ennemi aurait tôt fait de repérer tout voilier et de préparer la défense. Pour lui, la solution réside dans une tactique qui lui est familière: une campagne d'hiver. Avec une centaine de ses Canadiens rompus à de telles opérations, il compte réduire les postes anglais l'un après l'autre, sauf celui de Saint-Jean, car il s'y trouve déjà plus d'une centaine d'habitants, mais il en aura raison, assure-t-il, avec la collaboration des Français de Plaisance.

Les stratèges poudrés de Versailles n'en croient rien et le prennent peut-être pour une sorte d'illuminé. Iberville revient à la charge: *Il est fort difficile d'en chasser les Anglais*, admet-il, mais il répète: *à moins que ce soit l'hiver, sur les neiges, ce qui se fait plus facilement avec peu d'hommes*. C'est ce qu'il affirme à Pontchartrain, dès 1692.

L'année suivante, sûr de lui, il présente à nouveau son projet: *La peine en est grande, cela n'est pas bon pour les paresseux et qui n'aiment point le travail; c'est ce qui fait qu'ils ont toujours dit qu'il n'était pas possible de faire cela l'hiver. Pour moi, je le ferai*.

Et il le fit, presque malgré Jacques-François de Brouillant, le gouverneur de Plaisance, pour qui l'intérêt personnel avait préséance sur celui du royaume. Mais, c'est une autre histoire.

Je suis sûr de sauver la patrie, ou personne ne le sera.

William Pitt

En 1756 éclata un grand conflit européen qui passa à l'histoire sous le titre de guerre de Sept Ans, puisqu'il se termina avec la signature, en 1763, de ce traité de Paris qui sonnait le glas de la présence de la France au Canada. Celle-ci, l'Autriche, la Russie, la Saxe, la Suède et l'Espagne s'opposaient à l'Angleterre, à la Prusse et au Hanovre. D'une part, l'Autriche voulait reprendre la Silésie, qui avait été revendiquée par la Prusse lors de la guerre de la Succession d'Autriche. D'autre part, la rivalité franco-anglaise avait atteint un point de non retour: l'Angleterre avait ouvert les hostilités, en 1755, par la saisie de trois cents navires marchands appartenant à la France.

Cette guerre se poursuivit tant sur mer qu'aux colonies. Au départ, l'Angleterre connut des déboires, notamment à Port-Mahon, où l'amiral de La Galissonnière, ancien gouverneur général du Canada, infligea une telle défaite à l'amiral George Byng que celui-ci fut exécuté au pied du grand mât de son vaisseau.

En Amérique, la situation n'était guère plus rose. Montcalm tenait la dragée haute aux Anglais, qui se sentaient menacés. *Pour l'amour de Dieu*, écrivait le commandant du poste d'Albany, *sauvez la province; New York même va tomber; empêchez la ruine de la puissance anglaise sur ce continent!*

L'Angleterre ne fut pas sourde à l'appel: elle trouva en William Pitt l'homme capable de relever sa gloire.

Pitt est entré aux Communes dès 1735 et se trouve bientôt à la tête d'une faction des whigs qui s'oppose au pacifisme de Walpole. Nationaliste passionné, il estime que la puissance britannique repose sur une présence incontestée tant sur mer que dans les colonies. En 1756, il est secrétaire d'État, et il critique violemment la politique hanovrienne de George II, ce qui lui vaut la disgrâce.

Mais devant les désastres qu'elle connaît, l'Angleterre a besoin d'un homme aussi résolu. *Je suis sûr de sauver la patrie*, promet-il, *ou personne ne le sera*. Son immense popularité le ramène au pouvoir, qu'il partage avec le duc de Newcastle, un champion des manœuvres parlementaires, mais il se réserve la conduite de la guerre. Ses biographes reconnaissent qu'en cela, il joua un rôle capital et redressa la situation, faisant porter l'effort principal sur les colonies.

William Pitt veut dès lors faire la conquête du Canada. C'est lui-même qui confie cette mission à Wolfe. Ce dernier s'est fait remarquer à la suite d'une malheureuse expédition contre Rochefort: à l'occasion d'une cour martiale consécutive à cette affaire, il a, dans un brillant témoignage, démontré comment semblable opération doit reposer sur la parfaite intégration des forces navales et terrestres.

Mais Pitt devait se heurter à un nouveau souverain, George III, et offrir sa démission, avant la signature du traité de Paris. Ce fut tant mieux pour la France, car ce traité aurait été beaucoup plus dur pour elle si Pitt avait encore été au timon des affaires.

Il nous a sacrifiés pour nous faire couper les oreilles, défendons-les!

Des soldats, à Carillon

Nous évoquons ailleurs la bataille de Carillon, alors que Montcalm remporta une éclatante victoire sur Abercromby: les Français n'étaient pourtant que trois mille cinq cents contre quinze mille. C'était le 8 juillet 1858.

Il ne faudrait pas croire, cependant, que les troupes étaient d'accord avec la gestion des affaires militaires dans la colonie. Le marquis de Vaudreuil, premier Canadien nommé gouverneur, et le commandant en chef venu de France ne s'entendaient guère. Sans doute leur tempérament se heurtait-il, mais ils n'avaient pas non plus la même conception de la stratégie. D'ailleurs, il était notoire, tant chez les Anglais que chez les Français, que de profondes divergences existaient, sur l'art de faire la guerre, entre les troupes régulières venues d'Europe et les miliciens recrutés dans les colonies. La présence de recrues indigènes plus intéressées à lever des chevelures qu'à observer des tactiques ne facilitait pas non plus l'unité dans l'action.

Montcalm avait ses *grognards*. Au lendemain de la victoire de Carillon, l'irritation rongeait le moral des bataillons. *Le gouverneur a vendu le pays*, disait-on, *il nous a sacrifiés pour nous faire couper les oreilles, défendons-les!*

Et comme pour leur donner raison, des renforts de quelque trois mille hommes arrivaient à Carillon dans les quatre jours suivant le combat. Dès la mi-juillet, Montcalm dut intervenir auprès de ses troupes pour tenter de juguler le mécontentement, et il en informa aussitôt André Doreil, commissaire ordonnateur des guerres en Nouvelle-France. *J'ai été obligé d'en imposer à l'officier et aux soldats français qui disaient hautement que M. de Vaudreuil avait voulu nous faire égorger en me donnant si peu de monde pour faire face à un danger réel, tandis qu'il retenait un corps de deux ou trois mille hommes pour l'envoyer dans le pays des Cinq-Nations, où 200 hommes étaient suffisants, et qu'il ne daignait pas mettre en mouvement les autres forces de la colonie.* Il ajoutait: *Dieu merci, les esprits sont calmés à présent.*

Mais cette affaire était grave et Montcalm s'en ouvrit dans une lettre à sa mère: *Je ne crois pas*, lui écrivait-il, *que jamais général ait été dans des circonstances aussi critiques. Dieu m'en a tiré; rendez-lui en grâces.*

Dans la même lettre, Montcalm dit qu'il a demandé son rappel, *excédé de fatigue, de travail, de tracasseries et de misères.* De son côté, le gouverneur ne manque pas de faire part de son opinion au ministère de la Marine: *Je croirais manquer à ce que je dois au service du roi et à la confiance dont vous m'honorez, si je ne vous suppliais de demander à Sa Majesté le rappel de M. le marquis de Montcalm.* Mais c'est une autre *Majesté* qui sonna son rappel... définitif, après la bataille des Plaines d'Abraham.

ÉLÉGANCE

Que voudriez-vous que je porte, madame ?

Chapleau, à la princesse Louise

En 1881, Joseph-Adolphe Chapleau, premier ministre du Québec, est de passage à Paris. *L'an dernier*, écrit *le Temps* du 30 septembre, *c'était M. H. Fréchette, le poète des* Fleurs boréales *qui venait, Canadien français, recevoir le prix solennellement décerné à ses poésies par l'Académie française. Cette année, c'est l'honorable M. J.-A. Chapleau, premier ministre de la province de Québec, et M. Faucher de Saint-Maurice, secrétaire de la législature et écrivain des plus distingués, qui sont venus visiter Paris. Le Canada, demeuré terre française de cœur, tient ainsi à rester en relations, par les plus remarquables de ses fils, avec la mère patrie.*

En 1879, le premier ministre Henri-G. Joly était allé à New York pour y contracter un emprunt. Cette fois, c'est à la porte de la France que frappait son successeur. Mais ce voyage va avoir une autre suite: la nomination, le 28 février de l'année suivante (1882), du journaliste et sénateur Hector Fabre comme agent général du Québec à Paris, ce qui marque une étape importante dans le renouement des liens entre le Québec et la mère patrie culturelle. La même année, Chapleau est fait commandeur de la Légion d'honneur. Vers le même temps, Joseph-Alfred Mousseau lui succède, et Chapleau, élu député fédéral, se voit accorder le portefeuille du secrétariat d'État.

Le marquis de Lorne et son épouse, la princesse Louise, fille cadette de la reine Victoria, règnent à Rideau Hall. Le gouverneur général est en poste depuis 1878; c'est un homme raffiné (en 1880, il fonde l'Académie royale canadienne, la future Société royale); on peut en dire autant de sa noble épouse. Lorsqu'il quitte le Canada, après un terme de cinq ans, le couple ne laisse derrière lui que d'agréables souvenirs dans l'esprit de tous ceux qui l'ont côtoyé.

Mais, revenons à Chapleau. Sa qualité de secrétaire d'État lui donne accès à Rideau Hall. Un soir, à l'occasion d'un dîner d'État, il s'y présente, arborant fièrement sa rosette de la Légion d'honneur, ce qui n'est pas tout à fait conforme au protocole: c'est une décoration accordée par... un pays étranger.

La princesse Louise se doit de le remarquer.

– *Pourquoi portez-vous cela?* lui demanda-t-elle, sans doute avec un sourire entendu.

– *Que voudriez-vous que je porte madame?* répondit Chapleau, en s'inclinant avec une déférence tout aussi entendue.

– *Vous êtes demeuré bien Français*, rétorqua la princesse.

Message reçu. En 1892, Chapleau était promu lieutenant-gouverneur du Québec. Quatre ans plus tard, il était fait chevalier commandeur de Saint-Michel et Saint-George! En 1881, Léon XIII l'avait nommé commandeur de l'ordre de Saint-Grégoire.

Quant il décéda à Montréal, en 1898, sa poitrine s'ornait ainsi de décorations de trois États, dont deux... *étrangers*!

Si vous ne voulez pas recevoir le représentant du Canada, recevez au moins mon ami!

La princesse Louise, à l'ambassadeur d'Angleterre à Paris

Nous avons vu qu'en février 1882, Joseph-Adolphe Chapleau, alors premier ministre du Québec, confia au journaliste Hector Fabre le poste d'agent général du Québec à Paris. On n'aurait pu choisir meilleur candidat. Il appartenait à une famille fort en vue. Son père, Édouard-Raymond, journaliste et libraire, a été maire de Montréal à deux reprises. Sa mère, Luce Perrault, est la sœur du patriote Charles-O. Perrault, tué en 1837 à la bataille de Saint-Denis-sur-Richelieu. Son oncle, Édouard-Charles Fabre, est évêque de Montréal et en deviendra le premier archevêque en 1886. Sa sœur, Hortense, est l'épouse de Georges-Étienne Cartier. Sa tante, Julie Fabre, l'est du libraire Hector Bossange, fils de Martin, dont les galeries Bossange, de Paris, sont considérées comme parmi les plus importantes librairies de France.

Hector Fabre a étudié le droit, mais c'est le journalisme qui le passionne. Après un séjour au *Pays*, il devient rédacteur en chef de *l'Ordre*. Puis, il passe au *Canadien*, à Québec, pour fonder ensuite *l'Événement*, le 1er juillet 1867, jour de l'entrée en vigueur de la Confédération, d'où le titre qu'il a choisi.

La politique, cependant, ne devait pas lui être favorable, sur le plan électoral, car, en 1873, il se présentait en vain lors d'une élection fédérale ; cependant, il devenait sénateur deux ans plus tard.

Quelques mois seulement après la nomination de Fabre à Paris, Chapleau passait à la scène fédérale et entrait au cabinet à titre de secrétaire d'État. Il obtint pour son ami Fabre, déjà représentant du Québec en France, le mandat additionnel d'agent du gouvernement fédéral! Cette double allégeance s'éteignit d'ailleurs avec lui.

Hector Fabre était sans doute d'un commerce agréable. Son entregent, il ne le devait pas qu'à l'influence de sa famille, mais à sa culture et à ses qualités personnelles. Il allait d'ailleurs, en France, nouer des relations auprès de l'élite intellectuelle, qui furent précieuses pour le Canada.

Le marquis de Lorne, gouverneur général du Canada, le tenait sûrement en haute estime, car il le choisit au nombre des membres fondateurs de l'Académie royale canadienne, mais l'ambassadeur d'Angleterre à Paris prit ombrage de la nomination d'un agent du Canada et il refusa d'accueillir celui-ci ; sans doute était-il jaloux de ses prérogatives.

Quand elle apprit cela, la princesse Louise, épouse du marquis de Lorne et fille cadette de la reine Victoria, intervint auprès de l'ambassadeur : *Si vous ne voulez pas recevoir le représentant du Canada*, lui dit-elle avec élégance, *recevez au moins mon ami, monsieur Fabre*.

Dès lors, des relations cordiales s'établirent entre l'ambassade et le bureau canadien. Fabre sut les cultiver avec beaucoup de tact.

ÉLOQUENCE

Les longs discours ne sont pas agréables à ceux qui sont à jeun.

Le capitaine iroquois Andioura

Ventre affamé n'a pas d'oreilles, c'est bien connu. Si bien que même les Iroquois le reconnaissaient.

En août 1653, ceux-ci capturent le jésuite Joseph-Antoine Poncet de la Rivière, près de Sillery, et l'amènent dans leur pays, le soumettant aux tortures traditionnellement réservées aux prisonniers. Il y perdit l'index gauche et dut la vie à l'intervention d'une vieille femme, qui l'adopta ; c'était une façon de s'attacher un serviteur et de lui confier les tâches les plus pénibles.

Au début de septembre arrivait à Québec un capitaine iroquois nommé Andioura, chargé de parler de paix avec le gouverneur, M. de Lauzon. Il se présenta avec de nombreux cadeaux, chacun ayant une signification symbolique.

Le premier visait à *éclaircir le soleil* obscurci par les nuages des guerres. Le deuxième était un mets, afin qu'étant repu, le gouverneur *écoutast plus facilement les paroles de la paix, puisque les longs discours ne sont pas agréables à ceux qui sont à ieun*. Le troisième devait *seruir de cure-oreille, afin que les harangues sur vn sujet si aymable, entrassent plus nettement dans son esprit*.

Le capitaine offrait le quatrième dans l'espoir que l'on irait établir dans son pays une habitation française qui deviendrait une belle colonie. Le cinquième avait pour but d'assurer *qu'vn mesme cœur et vn mesme esprit animast doresnauant tous ceux qui seroient compris dans ce traité de paix*. Le sixième était un canot pour que le gouverneur visitât ses nouveaux alliés. Le septième se voulait une prière à l'effet qu'on laissât repartir les Iroquois en paix quand ils viendraient voir leurs amis français, algonquins et hurons. Enfin, le dernier exprimait le voeu que la chasse fût ouverte à toutes les nations confédérées et qu'on ne fît plus la guerre qu'aux élans, aux castors, aux ours et aux cerfs, pour *gouster tous ensemble les friands mets qu'on tire de ces bons animaux*.

Le gouverneur ne voulut pas être en reste : il offrit dix présents. Le premier pour redresser l'esprit d'Andioura : Si ton esprit est encore tordu, lui dit l'interprète, *voicy dequoy le redresser, afin que tes pensées soient droites*. Le deuxième était pour l'assurer *que nous n'auions plus qu'vn coeur avec luy* et les trois suivants pour aplanir les chemins d'un pays à l'autre afin de faciliter les visites, pour étendre une nappe aux Trois-Rivières où se tiendraient les conseils et pour l'exposition, chez les Iroquois, des cadeaux du gouverneur. Les quatre suivants étaient offerts pour la libération du père Poncet. Et comme les ambassadeurs étaient au nombre de six, M. de Lauzon leur fit remettre des vêtements comme dixième présent, de même que deux grands colliers, symboles de volonté d'entente.

Quand les Iroquois revinrent pour conclure la paix, ils ramenèrent le missionnaire *habillé en Hollandois*. Ils l'avaient dépouillé de sa soutane pour la vendre aux trafiquants d'Orange (aujourd'hui Albany, N.Y.)

Puisque tu possèdes une vie éternellement bienheureuse, quel sujet avons-nous de te regretter?

Garakontié, à un missionnaire défunt

De tous les chefs amérindiens, Garakontié est probablement celui dont les missionnaires et les administrateurs de la Nouvelle-France vantèrent le plus les mérites. Il mit quelques années à épouser la foi catholique et fut toujours un apôtre de la paix.

Aussi les *Relations des Jésuites* nous permettent-elles de retracer les principales étapes de son existence. Dès 1653, il s'emploie à préserver la paix entre Français et Iroquois. Bien que chef onnontagué, il considère que là résident les meilleurs intérêts des Cinq-Nations. En 1658, il informe les jésuites de ce que leur mission d'Onnontagué sera attaquée par ses congénères et les Agniers.

Trois ans plus tard, le père Simon Le Moyne arrive à Onnontagué. C'est sa quatrième ambassade de paix. Garakontié part alors pour Ville-Marie afin de négocier avec les Français. En 1665, il dirige une autre mission de même nature à Québec. Et en 1667 survient enfin une paix générale franco-iroquoise, mais le père Le Moyne n'en sera pas témoin: épuisé par ses travaux évangéliques et pacificateurs, il s'éteint au Cap-de-la-Madeleine en novembre 1665.

À ce moment-là, Garakontié se trouve à Québec, participant à un conseil pour la paix. Ce deuil le touche profondément et il prononce une harangue dont le texte complet a été conservé; c'est une belle pièce d'éloquence amérindienne.

Odessonk, m'entends-tu du pays des morts, où tu es passé si vite? dit Garakontié, s'adressant à son vieil ami disparu. Puis il rappelle l'œuvre de paix du missionnaire et le succès de ses prédications. *Mais*, ajoute-t-il, *je trouble ton repos par ces discours importuns. Tu nous as souvent enseigné que cette vie de misère était suivie d'une vie éternellement bienheureuse: puisque tu la possèdes à présent, quel sujet avons-nous de te regretter.* Ce en quoi Garakontié, non encore converti, fait sienne l'essence de la liturgie de la messe des morts.

Mais, continue-t-il, *nous te pleurons parce qu'en te perdant, nous avons perdu notre père et notre protecteur. Nous nous consolerons néanmoins puisque tu continues de l'être au ciel et que tu as trouvé dans ce séjour de repos la joie infinie dont tu nous as tant parlé.*

Par la suite, Garakontié travailla sans relâche à l'essor des missions des jésuites. Pourtant, il ne demanda à recevoir le baptême qu'en 1669, et c'est Mgr de Laval lui-même qui le lui administra l'année suivante. Il eut pour parrain le gouverneur de Courcelle et pour marraine, la fille de l'intendant Boutroue. Un bas-relief rappelant cette cérémonie orne le piédestal du monument Laval, à Québec.

Garakontié décéda au cours de l'hiver de 1677-1678. À l'été de 1673, il fut le premier des chefs autochtones à prendre la parole lorsque les alliés indigènes s'assemblèrent à Cataracoui pour accueillir le gouverneur de Frontenac venu pour y construire un fort qui allait être à l'origine de la ville de Kingston, Ontario.

N'arrachez à personne, ô prêtres du Christ! ce qui est le plus cher à l'homme après le Dieu qu'il adore.

Henri Bourassa, au Congrès eucharistique de 1910

Le mardi 6 septembre 1910 s'ouvre à Montréal, en l'église Notre-Dame, le XXIe Congrès eucharistique international. Le cardinal Bourne, archevêque de Westminster, est le légat papal. Peut-être mal conseillé, certainement mal inspiré, il déclare qu'au Canada, la langue par excellence pour prier Dieu est l'anglais.

Les peuples de l'empire britannique, rappelle-t-il, sont de races diverses et s'expriment en une grande variété de langues, et c'est le fait de leur allégeance à un même souverain qui les unit. Mais il est un autre lien plus élevé qui regroupe non seulement les catholiques de l'empire, mais ceux du monde entier : leur allégeance au Divin Maître.

Pour ce qui est du Canada, dit le légat, la langue anglaise devient celle de la majorité, compte tenu de l'essor des provinces de l'Ouest. Si l'on souhaite que cette puissante nation que le Canada est en voie de devenir soit gagnée à la religion catholique, il s'impose que la génération présente et les suivantes abordent les mystères de la foi en langue anglaise. *En d'autres mots*, prétend Mgr Bourne, *l'avenir de l'Église en ce pays et l'influence qui en résultera auprès des vieilles nations de l'Europe dépendront dans une très grande mesure de la puissance, de l'ascendance et du prestige de la langue et de la littérature anglaises au sein de l'Église catholique*. Il exprime donc l'espoir que ce soit dans la langue anglaise qu'au Canada, l'Église catholique assure l'unité de la foi religieuse, qu'elle seule a le pouvoir de transmettre.

Décidément, le Saint-Esprit a trahi le prélat! Deux orateurs se succèdent dès après : Thomas Chapais, historien et homme politique, et le juge O'Sullivan, de la Cour criminelle de New York. Mais tout l'auditoire a hâte que se lève le tribun Henri Bourassa. On connaît son éloquence, et sans doute a-t-on perçu sur sa figure que, devant une telle gifle, il ne va pas tendre l'autre joue.

Bourassa a préparé un discours, mais il le replie, et celui qu'il prononcera passera à l'histoire. Les Canadiens de langue française, rappelle-t-il, ont versé leur sang pour conserver à l'empire son unité, et si le Canada demeure au sein de celui-ci, c'est parce que les catholiques l'ont défendu contre les protestants en révolte des États-Unis. Laissons à toutes les nations qui abordent cette terre du Canada, ajoute-t-il, *le droit de prier Dieu dans la langue qui est en même temps celle de la race, celle du pays, celle du père, celle de la mère. N'arrachez à personne, ô prêtres du Christ! ce qui est le plus cher à l'homme après le Dieu qu'il adore*. Le Christ, dit-il, est mort pour tous les hommes. Il n'a imposé à personne l'obligation de renier sa race pour lui rester fidèle. *Nous ne sommes qu'une poignée, c'est vrai, mais ce n'est pas à l'école du Christ que j'ai appris à compter les forces morales d'après le nombre et par les richesses!*

Une mercuriale fort méritée, que le cardinal-archevêque de Westminster dut longtemps méditer! Peut-être l'Esprit-Saint avait-il préféré la langue d'un laïc?

Les criminels sont les hommes qui siègent ici, devant moi, sur les banquettes ministérielles!

Wilfrid Laurier

Ah! ces hommes ont cruellement souffert, ils souffrent encore, mais patience! leurs sacrifices ne seront pas sans récompense. Leur chef est dans la tombe; ils sont eux-mêmes dans les fers, mais du fond de leurs cachots, déjà, ils peuvent voir qu'elle s'est levée sur leur pays l'aurore de cette justice, l'aurore de cette liberté après laquelle ils soupirent!

Quand il reprit son siège, Wilfrid Laurier venait de prononcer un discours pathétique que les historiens allaient retenir comme le plus beau de sa carrière. Il s'était fait l'ardent avocat de Louis Riel, monté à l'échafaud. Il tenait le gouvernement en place responsable du drame des Métis. *Les criminels, dans cette rébellion, — si criminels il y a —, sont non pas ceux qui se sont battus, qui ont versé leur sang, qui sont morts, mais les hommes qui siègent ici, devant moi, sur les banquettes ministérielles!* De l'avis des parlementaires, jamais, dans cette Chambre des communes, l'éloquence n'avait atteint un tel sommet. Aux galeries, les citoyens pleuraient. Macdonald était consterné. Il ne trouva aucune façon de retourner la situation. L'atmosphère était trop tendue: un vote pris dans ces conditions risquait de lui être défavorable. Il préféra l'ajournement. C'était le 16 mars 1886.

Le journaliste Israël Tarte, qui était alors un adversaire de Laurier, donna dans *le Canadien* son appréciation de cette brillante intervention: *Il a fait un discours qui, dans n'importe quel pays du monde, placerait son auteur au premier rang des maîtres de la langue française. M. Laurier est vraiment hors de pair dans l'éloquence étudiée, policée, qui fait les délices des auditoires triés sur le volet. Les clameurs violentes de la foule le laissent froid et indifférent; il lui faut un amphithéâtre garni de lettrés.* Plus tard, Tarte rompit avec Macdonald et se rallia à Laurier; il devait être l'architecte de la victoire que remporta ce dernier en 1896.

Le quotidien montréalais *The Gazette*, on le devine, défendait la politique des Conservateurs. Or, selon une tradition, c'est son correspondant parlementaire à Ottawa, après ce mémorable discours, qui consacra l'expression *Silver-tongued Laurier*. Dès lors, on le désigna comme *l'orateur à la langue d'argent*.

Blake, le chef de Laurier, rappelant l'accusation que certains députés ontariens formulaient à l'égard de leurs collègues francophones qui, prétendaient-ils, voulaient dominer les Communes, leur donna pour une fois raison : Laurier, non satisfait de détenir depuis longtemps la palme de l'éloquence dans sa propre langue, venait de ravir la leur aux anglophones.

Laurier avait notamment cité le grand Byron s'adressant à l'Âme éternelle de l'Esprit insaisissable : *Quand tes fils sont retenus dans les fers et dans les ténèbres des geôles humides, leur martyre prépare le triomphe de leur pays.*

Désormais...

Paul Sauvé

Il est rare qu'un simple adverbe devienne un mot historique. Tout dépend du contexte dans lequel on le prononce.

Dès le 17 juin 1959, le regretté Pierre Laporte, — était-ce prémonition ? —, titrait comme suit le compte rendu d'une conférence donnée par le ministre du Bien-être social et de la Jeunesse : *M. Paul Sauvé, successeur de M. Duplessis, a tout pour faire un politicien redoutable*. Moins de trois mois plus tard, le premier ministre décédait et Paul Sauvé lui succédait au timon des affaires québécoises.

Bouffée d'air frais. Le nouveau titulaire se démarque tout de suite de son prédécesseur. Paul Sauvé avait attendu son heure. *Quand on n'est pas toujours d'accord avec son chef politique*, avait-il dit à l'auteur de ces lignes, *et que l'on croit pouvoir être éventuellement utile, la meilleure formule n'est pas de claquer les portes, mais bien de demeurer fidèle au moins mauvais des partis en présence*.

Dès les premières semaines, les décisions se multiplient ; au chapitre des communications, pour ne mentionner que cet aspect, il crée un service de l'Information, ouvre la sacro-sainte Chambre du conseil exécutif à la galerie de la presse et invite la télévision à diffuser l'ouverture de la session. *Nous assistons à une opération de déblocage*, lisait-on dans *le Devoir* du 16 octobre. *M. Sauvé est un conservateur. On aura certainement l'occasion de s'en apercevoir. Mais il a de la souplesse, et guère de manies. On imagine que, pour un pareil homme, la vie n'a pas été rose tous les jours : car il n'a certainement pas improvisé les mesures qu'il multiplie depuis un mois et demi* (c'était signé *Candide* — André Laurendeau).

Dix ans plus tard, Georges-Émile Lapalme signait ses mémoires, intitulés : *Le Vent de l'oubli*. Parlant de la *déstalinisation* du régime Duplessis, celui qui avait dirigé l'opposition sous l'œil narquois de l'ancien potentat, puis sous la distinction d'un duelliste loyal, résumait les *Cent-Jours* du nouveau premier ministre : *De septembre à janvier, Paul Sauvé, débordé, n'utilisa plus dans ses discours qu'un seul mot :* désormais. *Avec ce vocable, il séparait deux modes de vie politique, deux ères dont la dernière serait trop brève pour porter son nom*. Et il ajoute : *c'était réellement une vie nouvelle*.

Une vie nouvelle à laquelle, hélas ! Paul Sauvé ne devait donner qu'un premier souffle.

Paul Sauvé, premier ministre du Québec pendant cent jours, écrit Georges-Émile Lapalme, *disparut dans une apothéose*.

Dans sa bouche, un adverbe, *désormais*, avait sonné le premier coup de clairon de la *Révolution tranquille*. Le 25 février 1987, l'ancien ministre des Finances Jacques Parizeau reconnaissait que ce *désormais* a changé tout le Québec. *Paul Sauvé*, ajoutait-il, *a été une charnière*.

Ici repose la plus noble réalisation de Dieu, un honnête homme.

Épitaphe sur la tombe de Wolfred Nelson

Fascinante carrière que celle de ce personnage qui, incontestablement, fut en avance sur ses contemporains, et à plusieurs points de vue.

Tout d'abord dans le domaine de la politique. Fils d'un maître d'école formé à Londres et d'une mère appartenant à l'une des familles les plus loyalistes de New York, élevé à William Henry, — ainsi qu'on appela Sorel après la visite d'un prince britannique —, compagnon d'officiers anglais, il devait pourtant, ainsi que nous le rappelons ailleurs, épouser les idées réformistes des plus avant-gardistes disciples de Papineau, ce qui lui valut la déportation aux Bermudes.

Il était médecin et, apparemment sans jamais cesser de pratiquer son art, il revint à la politique après avoir été amnistié. Au grand scandale des tories, il se fit l'allié anglophone des Canadiens de langue française dans la revendication de leurs droits et leur quête d'un gouvernement responsable : sorte de figure de proue des personnalités fidèles à l'hégémonie britannique qui allaient éventuellement faire leur cette conception de la démocratie.

Fidèle à sa profession, il soigna les soldats anglais blessés lors de la bataille de Saint-Denis, se dévoua au chevet de ses compagnons d'emprisonnement une fois incarcéré, puis des Noirs des Bermudes pendant sa déportation, enfin, sur les quais du port de Montréal, auprès des victimes du typhus lors de la grande épidémie de 1847. L'un de ses biographes, John Beswarick Thompson, nous dit qu'il était aussi en avance sur ses confrères : lui et son fils, le docteur Horace Henry Nelson, furent parmi les tout premiers chirurgiens du Canada à recourir à l'anesthésie.

En 1845, défiant l'interdiction de s'exprimer en français dans les débats de l'Assemblée du Canada uni, ce fut en cette langue qu'il prononça son premier discours.

Douterait-on encore de sa prescience des problèmes d'intérêt social ? En janvier 1849, il présida une assemblée tenue dans le but de promouvoir l'abolition de la peine de mort. Pour lui, le châtiment capital n'était rien d'autre qu'un *assassinat légal*.

Un siècle et demi plus tard, beaucoup de citoyens n'auront pas encore épousé ce point de vue humanitaire!

En 1854, — autre illustration de son avant-gardisme et de la confiance que ses concitoyens entretenaient à son endroit, — il devenait le premier maire de Montréal élu par vote populaire plutôt que choisi par les membres du Conseil.

Quand il décéda, le 7 juin 1863, ce fut à Sorel qu'on le déposa en terre. Sur une pierre blanche, on grava une épitaphe résumant bien la pensée de ceux qui le pleuraient: *Ici repose la plus noble réalisation de Dieu, un honnête homme*. Car, personne ne mit jamais en doute qu'il fut toujours honnête avec lui-même.

En 1941, le vénérable cimetière de la congrégation Christ Church, où reposaient Wolfred Nelson et plusieurs membres de sa famille, fut désaffecté. La translation de tous les restes s'effectua vers un nouveau cimetière à quelque distance du centre-ville.

ESPOIR

Mille Bretons envoyés sur le Saint-Laurent, c'est, dans deux cents ans, 250 000 Français en Amérique.

Onésime Reclus

Qui pourrait ne rien savoir des Reclus, cinq frères qui ont creusé parallèlement dans le cheminement de la France des sillons que le passage du temps n'a pas effacés ? Élisée et Onésime furent des géographes plus que réputés ; Armand fut, tout autant que ses frères, un voyageur impénitent ; Paul se tailla en médecine une place enviée, notamment par ses travaux dans le domaine de l'anesthésie ; Élie, enfin, un écrivain à la plume alerte, devait signer d'importantes études en ethnologie.

Lorsqu'en 1885, Onésime Reclus vibre à l'éloquence fruste mais combien viscérale du curé Labelle, le Canada s'est acquis la sympathie agissante d'un apôtre de l'expansion de la race et de la langue françaises.

Félix Faure, sous-secrétaire d'État à la Marine et aux Colonies, s'emploie à persuader les Français qui songent à émigrer que leurs plus prometteuses destinations sont le Tonkin, la Nouvelle-Calédonie, Tahiti, le Sénégal.

Onésime Reclus, pour sa part, pense que l'émigrant demeure un excellent véhicule des valeurs françaises, et qu'il n'appauvrit pas l'héritage de son pays en essaimant à travers le monde. Mais, estime-t-il, il faut orienter ce mouvement de façon à consolider des îlots francophones offrant une promesse d'épanouissement plutôt que d'exposer l'émigrant à l'assimilation.

Quel intérêt national, demande-t-il, *représentent les 150 000 Français*, castillanisés *de l'Argentine ? Sauf quelques intérêts commerciaux très discutables, ils ne représentent rien. C'est un futur néant ; les Français de là-bas durent exactement une génération. S'ils sont dignes que nous tenions compte d'eux, que nous en augmentions le nombre, que nous en fortifiions l'assise, que dirons-nous des 1 million 500 000 Français du Canada ? Ceux-là ne sont-ils pas plus dignes d'être accrus, fortifiés ?*

C'est au président de la Société française de colonisation qu'il s'adresse, et il ajoute : *Mille Bretons envoyés par votre section sur le Saint-Laurent, c'est, dans deux cents ans, 250 000 Français en Amérique*.

Lorsqu'en 1885, le curé Labelle arrive en France avec la mission d'animer une grande campagne de recrutement de colons pour l'Ouest canadien, il trouve en Onésime Reclus un collaborateur prestigieux. Une amitié sincère les rapproche rapidement. Le célèbre géographe et le prêtre-colonisateur se penchent sur la carte du Canada, identifiant les régions où l'on devrait implanter les futurs immigrants afin de travailler efficacement à la consolidation de la présence française.

À cette époque, le jeune Manitoba comptait à peine plus de dix mille francophones, et dans les territoires qui allaient devenir vingt ans plus tard les provinces de Saskatchewan et d'Alberta, les colons de langue française étaient encore plus clairsemés.

Ils reviendront, mais je n'y serai pas.

Le vieux soldat canadien

Ces paroles, Octave Crémazie les a mises dans la bouche d'un milicien qui a vu les régiments se rembarquer après la capitulation de la Nouvelle-France : elles constituent le dernier vers de la septième strophe de son *Chant du vieux soldat canadien*.

Nous évoquons ailleurs la visite de *la Capricieuse*, en 1855, le premier voilier battant pavillon français à remonter le Saint-Laurent depuis les journées sombres de 1760. Il y avait donc quatre-vingt-quinze ans que le fleurdelisé avait repassé l'Atlantique ; cette fois, c'est le tricolore qui venait renouer des liens affectifs que les aléas de la guerre avaient tranchés.

Le vieux soldat du poète avait eu raison : les Français étaient revenus, mais plus personne, sur les rives du grand fleuve, ne pouvait se souvenir de leur départ.

Octave Crémazie, inspiré par le profond attachement des Canadiens à leur mère patrie culturelle, s'adressa alors à son vieux soldat :

Tu l'as dit, ô vieillard! la France est revenue.
Au sommet de nos murs voyez-vous dans la nue
Son noble pavillon dérouler en splendeur?
Ah! ce jour glorieux où les Français, nos frères,
Sont venus, pour nous voir, du pays de nos pères
Sera le plus aimé de nos jours de bonheur.

Voyez sur les remparts cette forme indécise,
Agitée et tremblante au souffle de la brise,
C'est le vieux Canadien à son poste rendu.
Le canon de la France a réveillé cette ombre
Qui vient, sortant soudain de sa demeure sombre,
Saluer le drapeau si longtemps attendu.

Et tous les vieux Canadiens *moissonnés par la guerre* abandonnent leur couche funéraire pour voir se réaliser leur rêve le plus beau.

Crémazie, meilleur poète que marchand, assiégé par ses créanciers, devait lui aussi quitter le pays, mais pour n'y plus revenir. Il vécut seize ans en France et s'éteignit au Havre en 1879.

En 1906, un comité présidé par le poète Louis-Honoré Fréchette fit sculpter par Philippe Hébert un buste de Crémazie que l'on érigea au carré Saint-Louis. Au pied du socle, un vieux soldat canadien tient sur sa poitrine le drapeau de Carillon. Il y a quelques années, le buste a été transporté sur un terre-plein à l'intersection du boulevard Saint-Laurent et de l'artère qui portait déjà le nom du poète, mais qui est devenue une voie de service de l'autoroute Métropolitaine.

Le moment de la justice n'est pas encore venu.

Le consul de France, à des Canadiens

À la fin du XVIIIe siècle, bien qu'ils fussent sujets de l'Angleterre depuis bientôt quatre décennies, il ne manquait pas de Canadiens de vieille souche pour espérer un retour à l'ancienne mère patrie. Certains entretenaient à cette fin des relations avec le consulat de France à New York, et celui-ci accordait toute son attention à ce ferment de révolte.

Aux archives du ministère français des Relations extérieures, au quai d'Orsay, à Paris, l'auteur de ces lignes consulta un document intitulé *Moyen d'une insurrection dans le Canada*, daté de février 1798 et provenant en toute vraisemblance du consulat de New York.

Des Canadiens respectables, assure ce rapport, croient que rien ne serait plus aisé que de provoquer une insurrection. *Les Canadiens ne sont point armés, mais les magasins royaux ne sont-ils pas remplis de toutes les armes nécessaires ? Comment le peuple de Paris et de Varsovie s'est-il donc insurgé, l'un contre la cour en 1789, et l'autre contre la garnison russe en 1794?*

La crise qui sévit au Canada paraît favorable à une insurrection, estime le consul. *La révolution une fois organisée, l'union intime et permanente du Canada avec la République française se formerait aisément. Mais un gouvernement républicain, indépendant de la France, ne favoriserait-il pas davantage la prospérité future du Canada ?* Il serait essentiel, dès le début de l'insurrection, de proclamer le Canada république libre et indépendante, *ce qui le tiendrait séparé des États-Unis tout en y détruisant sans retour toute influence anglo-américaine.*

Suivent des considérations d'intérêt stratégique, de même qu'une estimation des coûts. *On a lieu de croire*, termine le document, *que la révolution établie, le Canada pourrait lui-même fournir à toutes ses dépenses nécessaires pour la consolider. Le trésor de St-Sulpice est immense, et son argent comptant pourvoirait à tout.* Ainsi, le consul mettait les sulpiciens dans le coup!

Le rapport s'accompagne de copie d'une lettre remise par le consul à deux émissaires qui lui ont proposé de mettre cette insurrection en œuvre.

Le porteur du présent s'est rendu avec son fils près de moi. Il m'a remis l'exposé que vous me faites de votre cruelle situation et de la fidélité de vos sentiments. Depuis longtemps, je suis votre ami, et depuis longtemps j'en ai rempli les devoirs, mais le moment de la justice n'est pas encore venu. Ne désespérez cependant pas, ne précipitez rien surtout. Il est quelquefois sage de savoir souffrir et dissimuler; toute imprudence ne tendrait qu'à produire de nouveaux obstacles; comptez sur moi comme je compte sur vous. La missive, signée d'initiales et écrite sur papeterie du consultat de New York, se termine par un mot d'encouragement: *Le jour où vous pourrez relever vos fronts abattus ne peut être éloigné. Salut et fraternité.*

Si je reviens de cette promenade vers Ariel, j'irai visiter le Canada...

Antoine de Saint-Exupéry

Qui se souvient de l'*Auberge des Deux-Lanternes*, qui fut, il y a déjà un demi-siècle ou presque, l'une des premières tables prestigieuses de la périphérie de Montréal ? Le regretté Eddy Prévost (il nous a quittés en novembre 1985) l'avait aménagée dans une ancienne école, là où se trouvait alors le Cap-Saint-Martin, modeste municipalité de l'île Jésus que l'on atteignait au-delà du pont d'Ahuntsic. Cette table raffinée, il l'a maintenue à bout de bras, encourant l'anathème des autorités provinciales : la Commission des liqueurs du Québec lui refusait tout permis, mais il trouvait le moyen de fournir à son chef et à ses invités le vin nécessaire à la confection des plats et à leur dégustation.

L'auteur de ces lignes, tout jeune reporter, s'y initia à la fine cuisine, à la faveur de la venue à Montréal de personnages prestigieux, notamment du dramaturge Henri Ghéon, poète dramatique, célèbre par ses jeux sur la place.

Le 19 mai 1942, l'*Auberge des Deux-Lanternes* accueille Antoine de Saint-Exupéry. Le maître de céans, caricaturiste réputé, enlumine une page du livre d'or de la maison. Sous un avion en plein vol, il inscrit *Courrier-Sud*, *Terre des hommes*, *Pilote de guerre*, *Vol de nuit*, et la mention : *Aviateur, pilote de grandes lignes, écrivain — grand Français*.

Invité à signer, Saint-Exupéry ajoute : *Ça, c'est un début terrible parce que je m'intimide moi-même et suis forcé de prendre un petit air modeste (mais bien sûr, en même temps, dans le fond de mon cœur, je suis très touché...)* Il ajoute : *Aussi, pour me désintimider, je vais faire un petit dessin*.

Et c'est son *Petit Prince* (l'ouvrage ne paraîtra que l'année suivante) qu'il esquisse spontanément, surgissant d'un nuage, lui mettant dans la bouche, au moyen d'une bulle si familière aux amateurs de bandes dessinées : *Quand la guerre sera finie, si je reviens de cette promenade vers Ariel, j'irai visiter le Canada, qui est un pays merveilleux...*

Dans le nuage, Saint-Exupéry inscrit : *Avion : type Bloch 174 / Pilote : Saint-Exupéry / Mission : survol d'Arras*.

En conclusion : *En souvenir d'un merveilleux dîner dans la plus charmante et la plus française des auberges*. Et, comme l'on dirait en France, en langue juridique, Saint-Exupéry persiste et signe.

Mais le *Petit Prince* ne revint pas de cette *promenade vers Ariel* : il disparut deux ans plus tard en mission de guerre.

Eddy Prévost racontait, non sans émotion, que des larmes furtives coulèrent sur les joues de l'aviateur-écrivain lorsque, devant le grand âtre de l'auberge, il entendit des petits Québécois, soustraits à leurs jeux, fredonner inopinément des refrains de la vieille France.

Vingt-cinq ans plus tard, *Terre des hommes* devenait le thème de la grande exposition universelle et internationale de Montréal.

FIDÉLITÉ

Nous n'avons oublié ni Dieu, ni la France.

Honoré Mercier

Quand les hommes politiques voyagent, ils laissent rarement autre chose derrière eux que des signatures dans des livres d'or et des comptes rendus de discours dans la presse. Honoré Mercier, premier ministre du Québec, marqua son séjour en France, en 1891, de témoignages très personnalisés qui retiennent toujours l'attention des Québécois qui visitent Saint-Malo, en Bretagne, ou Tourouvre, au Perche.

Paris ménagea un accueil chaleureux à ce *ministre américain*, à cet *homme de cinquante ans, très grand, très mince, à la moustache noire superbement retroussée, le type de l'ancien mousquetaire popularisé par le roman et le théâtre*, ainsi que le décrivait *le Libéral* dans son numéro du 4 avril. Le journal rapportait que Mercier venait en France négocier un emprunt de douze millions de dollars.

Les honneurs pleuvent: le président Sadi Carnot reçoit Mercier à l'Élysée et l'élève au grade de commandeur de la Légion d'honneur. Le roi des Belges lui décerne le même titre dans l'ordre de Léopold. Léon XIII le fait comte palatin à titre héréditaire. Mercier mène grand train dans son appartement du boulevard des Capucines, à Paris. Il se soumet à un programme exigeant et se montre increvable.

À Saint-Malo, une mosaïque en forme de losange, incorporée au dallage de l'allée centrale de la cathédrale, comporte une inscription que même les bombardements nazis n'ont pas effacée: *Ici s'est agenouillé Jacques Cartier pour recevoir la bénédiction de l'évêque de Saint-Malo à son départ pour la découverte du Canada le 16 mai 1535 — Honoré Mercier, premier ministre de Québec, souvenir de sa visite — 1891.*

Le dernier jour de mai, Mercier est dans le Perche, au pays de ses ancêtres. Sur une estrade dressée devant l'église de Tourouvre, il parle de l'indéfectible attachement des Québécois à leurs aïeux. Au presbytère, il reçoit tous les Mercier du canton avec le sentiment qu'ils sont, eux et lui, des cousins éloignés.

En fin de journée, il promet d'offrir deux vitraux destinés à l'église paroissiale. Il tint parole, et ceux-ci ont gardé toute leur fraîcheur. Le premier montre le pionnier Julien Mercier au moment où il part pour la Nouvelle-France en 1650; son père lui recommande: *N'oubliez jamais ni Dieu, ni la France*, une phrase inscrite en rez-de-chaussée. Dans le second, Mercier, arborant fièrement la livrée de sa dignité palatine, se présente au curé de Tourouvre, lui disant: *Nous n'avons oublié ni Dieu, ni la France*. Mercier avait l'art de laisser sur son passage des mementos défiant l'usure du temps.

De touchants souvenirs aussi. *Le Perche*, dans son numéro du 28 juin, rapporte qu'une dame lui ayant présenté quelques fleurs qu'elle venait de couper dans son jardin, Mercier ouvrit un livre de prières où il en conservait une que son épouse lui avait adressée. *Je vous l'offre, madame, en retour des vôtres. Veuillez la garder en souvenir non seulement de moi, mais de celle qui l'a cueillie dans son propre jardin.*

Tirez, vous êtes les maîtres, mais nous ne changerons jamais de sentiments à l'égard de la France!

Réponse d'Acadiens devant une batterie de canons

On a beaucoup écrit, et non sans raison, sur la déportation des Acadiens, mais voici une anecdote probablement peu connue, que l'auteur de ces lignes a repérée dans un document datant de juin 1778, intitulé *Mémoire sur les Acadiens*, aux archives du ministère des Relations extérieures de France, au quai d'Orsay, à Paris.

Lorsque l'Acadie fut cédée à l'Angleterre, ses habitants reconnurent à cette puissance *une autorité territoriale sur leurs biens*, rappelle le rapport mentionné plus haut, *mais ils ont toujours prétendu qu'elle ne s'étendait pas sur leurs personnes, et ils n'ont jamais cessé de se regarder comme uniquement sujets de la France où leurs pères étaient nés*. C'est l'idée qu'ils se faisaient de leur situation politique lors de la paix d'Utrecht. Ils ne se considéraient que comme *tenanciers* du souverain anglais et estimaient que leurs devoirs envers lui *se bornaient aux simples corvées occasionnées par le passage des troupes*. Enfin, *ils ont surtout toujours protesté qu'ils ne porteraient jamais les armes contre la France ni contre les Sauvages, leurs voisins*.

Cette attitude, les Acadiens devaient la maintenir depuis le traité d'Utrecht (1713) jusqu'à leur déportation, poursuit le *Mémoire*, soit l'espace de quarante-deux ans: *C'est cette situation qui les a fait nommer par toutes les nations maritimes, et par les Anglais eux-mêmes, les Français neutres de l'Acadie*.

Jusqu'à 1742, il semble bien que les Acadiens ne furent en aucune façon inquiétés, mais les relations entre la France et l'Angleterre, qui étaient au beau fixe depuis une bonne décennie, se gâtèrent. Le gouverneur d'Halifax voulut faire prêter aux

Acadiens un serment d'allégeance. Il exigeait des villages qu'on lui déléguât des *députés* dans ce but. Il en retenait, peut-être dans l'espoir de les en convaincre. *Depuis lors jusqu'en 1755*, dit le *Mémoire* de 1778, *ils ont presque toujours eu à Halifax de leurs députés en prison, ou au moins dans la ville*.

En 1744, la guerre éclatait entre les deux puissances. Les Acadiens se retrouvaient coincés entre deux *maîtres*. Enfin, le traité d'Aix-la-Chapelle ramena la paix quatre ans plus tard. Mais en 1746, des Acadiens ravitaillaient ceux des vaisseaux de la flotte du duc d'Anville qui avaient survécu à un effroyable ouragan. L'escadre avait reçu la mission de conquérir l'Acadie, de reprendre Louisbourg...

Ces pauvres Acadiens jouaient de malheur. En moins de dix ans, un nouveau conflit s'annonçait entre la France et l'Angleterre (la guerre de Sept Ans). Le gouverneur d'Halifax décida d'exiger des *Français neutres de l'Acadie* le prêt du serment d'allégeance et la levée de six cents miliciens. Devant leur résistance, les autorités s'emparèrent de notables et de vieillards, les conduisirent devant une batterie de canons et menacèrent d'allumer les mèches. À genoux et après une prière, les otages firent répondre : *Tirez, vous êtes les maîtres, mais nous ne changerons jamais de sentiments à l'égard de la France!* Le rideau se levait sur le *Grand Dérangement*.

Nous voulons vivre sous la domination de Sa Majesté pour qui nous sommes prêts à verser notre sang.

Des Acadiens au duc de Nivernois

Nous venons de citer un document qui figure dans les archives du ministère des Affaires extérieures de France, un *Mémoire sur les Acadiens* datant de juin 1778. Nous y trouvons d'intéressants renseignements sur les victimes du *Grand*

Dérangement qui furent amenées en Angleterre. Ces Acadiens, au nombre de trois mille, recevaient des frais de subsistance équivalant à six sols français par jour, hommes, femmes et enfants.

Ceux qui étaient détenus en prison *surent que l'on travaillait à la paix, et que S. M. avait envoyé à Londres un ambassadeur extraordinaire qui devait la conclure*. Il s'agissait du duc de Nivernois.

Le gouvernement anglais, dit le *Mémoire*, offrait aux Acadiens de leur rendre leurs terres et leurs biens, mais à la condition de signer un serment d'allégeance, ce qu'ils avaient toujours refusé de faire. Ils trouvèrent le moyen d'envoyer une supplique au duc de Nivernois, lui demandant sa protection et le priant de les rapatrier sous l'autorité du roi. *Ils lui donnèrent avis des offres qui leur étaient faites*, rapporte le document, *et de leur réponse unanime, qui avait été: Nous voulons vivre sous la domination de S. M. très chrétienne, pour qui nous sommes prêts à verser notre sang*.

Les Acadiens avaient dressé un état de cette résolution, signé par tous les pères de famille, à l'intention du commissaire général de l'Amirauté, mais le commissaire particulier de Liverpool refusa de le lui transmettre.

Le roi de France accueillit chaleureusement le voeu des Acadiens, avec promesse de leur donner des terres en toute propriété dans les plus belles provinces, de même que des secours suffisants pour leur établissement.

En apprenant cette nouvelle, les Anglais dirent aux Acadiens que les agents délégués auprès d'eux par l'ambassadeur de France n'étaient nullement mandatés et qu'ils *ne venaient que pour les tromper à dessein de les faire passer dans les colonies à sucre où la chaleur les ferait bientôt périr*. Et ils leur coupèrent l'allocation de subsistance qui leur était versée pourtant depuis huit ans. Les Acadiens déléguèrent alors deux d'entre eux auprès du duc de Nivernois, avec pouvoir d'accepter au nom de tous les conditions qui leur seraient offertes. Ils durent pour cela s'évader en pleine nuit.

La traversée de la Manche s'effectua dans des conditions fort pénibles. La petite vérole éclata à bord des vaisseaux, mais ne se manifesta qu'une fois les Acadiens descendus dans les ports, et la maladie en faucha plusieurs.

Dès lors, Sa Majesté très chrétienne prit les Acadiens sous son aile, mais les bonnes intentions ne connaissent pas de pérennité, les meilleurs sentiments s'amenuisent. On mit de l'avant de multiples projets pour les intégrer; on parla de les implanter sur des terres lointaines. En choisissant de s'établir en France, les Acadiens n'étaient pas au bout de leurs peines!

Je voudrais voir des yeux qui ont vu la France.

Un vieillard qui souhaitait recevoir un matelot de *la Capricieuse*

Nous évoquons plus loin la visite de *la Capricieuse*, qui marqua le renouement des liens historiques et affectifs entre la France et son ancienne colonie d'Amérique. Montée d'un équipage de deux cent quarante hommes et remorquée jusque dans le port par le vapeur *Advance*, un autre vaisseau l'escortait, à bord duquel des centaines de Québécois s'étaient portés à sa rencontre.

De la citadelle, vingt et un coups de canon l'accueillirent. *À la nouvelle de cette arrivée qu'annonçait à la population entière le bruit de la détonation, la plate-forme* (future terrasse Dufferin) *se couvrit de spectateurs dont on vit en quelques moments des masses compactes encombrer, outre cette promenade, les quais et tous les points environnants qui ont vue sur le fleuve*, rapportait *le Canadien* du 16 juillet.

Le commandant, M. de Belvèze, reçut à son bord le maire de la ville et quelques autres personnalités. Le lendemain, c'était au tour des autorités municipales de lui souhaiter la bienvenue. En réponse à l'adresse que lui lut le premier magistrat, il déclara que cette visite officielle était la conséquence *de la noble et féconde alliance qui unit les deux plus puissantes nations de l'Europe.*

À ce moment-là, Napoléon III était l'empereur des Français, et le commandant cita une déclaration qu'il avait faite à Londres. *Le temps des conquêtes est passé*, avait dit l'empereur, *et sans retour. C'est en se mettant à la tête des idées généreuses, en faisant prévaloir partout l'empire du droit et de la justice, qu'une nation peut désormais être honorée et puissante.*

Et M. de Belvèze insista sur l'objectif de ce renouement. *La mission que Sa Majesté impériale m'a confiée*, dit-il, *est l'application de cette pensée. Absente depuis un siècle du fleuve Saint-Laurent, la marine française y revient pour renouer des relations commerciales longtemps interrompues, faire profiter notre pays des progrès immenses de votre agriculture et de votre industrie, ouvrir à nos armateurs et au produit du travail français une voie qui fut longtemps fermée à nos vaisseaux*. Ce qui était de nature à rassurer ceux des anglophones qui craignaient de la part de la France des velléités de reconquête.

On devine facilement que l'équipage fut reçu à bras ouverts, ce qui fut toujours le cas depuis lors lorsque des unités de la marine française nous visitaient. On invita la population à venir à bord de *la Capricieuse*. C'était en quelque sorte l'ancienne mère patrie qui venait revoir ses *enfants*. L'une des plus touchantes anecdotes dont la tradition nous a légué le souvenir a trait à un vieillard que les infirmités empêchaient d'aller visiter le vaisseau. Il demanda qu'on lui amenât l'un des matelots.

– *Je voudrais voir*, expliqua-t-il, *des yeux qui ont vu la France*.

Ces poètes du lointain pays ont souvent plus que nous l'âme de la France.

Le Temps, Paris, au sujet de poètes du Québec

Le 6 août 1880, les membres de l'Académie française se réunissaient pour entendre le secrétaire perpétuel Camille Doucet présenter son rapport sur les concours de l'année. Acteurs, comédiens et gens de théâtre se pressaient sur les banquettes réservées aux invités, car l'auteur dramatique Victorien Sardou, admis en 1877, devait y prononcer un discours fort attendu sur la vertu. Dans la préface de *la Haine*, il avait écrit que tout son théâtre s'inspirait de la femme et de ses dévouements; lorsqu'il chanta *la spectatrice éternelle du drame humain*, il fut salué par des bravos *qui tous n'étaient point des bravos féminins*.

Or, parmi les auteurs couronnés, ce jour-là, se trouvait Louis Fréchette. Ce poète, lisait-on dans *le Temps* du lendemain, *n'était pas un inconnu pour nous. Il y a longtemps que nous avions lu ses vers avant que l'Académie les couronnât. Le mouvement littéraire qui donne en ce moment même une littérature française au Canada mériterait et aura certainement un chapitre spécial dans notre histoire. Il y a comme un renouveau des idées françaises et de notre langue dans cette terre qui fut la Nouvelle-France*.

Puis le chroniqueur résumait la carrière de Fréchette, rappelant qu'il avait été à l'origine du *Journal de Lévis*, que la politique et la polémique avaient tout d'abord retenu son attention, mais qu'il s'était tôt tourné vers le théâtre et la poésie, puis qu'il avait choisi le patriotisme comme inspiration de ses œuvres.

Ces poètes du lointain pays, poursuivait le journaliste, *ont souvent plus que nous l'âme de la France. Tel d'entre eux, Lemay, rappelle l'inspiration de Lamartine, tel autre, Crémazie, a laissé un poème*, le Drapeau de Carillon, *qui attendrit et pleure; M. Fréchette a parfois des accents à la Hugo dans ses* Châtiments *canadiens. Un autre, un nouveau venu, M. Eudore Évanturel, dont on vient de publier à Québec les* Premières poésies (*avecune préface d'un autre littérateur canadien distingué, M. Marmette*), *semble s'inspirer de la note intime de François Coppée. Tous ont pour* Muse *l'idée française, tous mériteraient le souvenir et le salut de la France*.

Rappelons qu'à cette époque, la France *redécouvrait* le Canada, notamment depuis la visite de *la Capricieuse* en 1855 et l'ouverture à Québec, quatre ans plus tard, d'un consulat général. En 1867, notre pays était présent à l'exposition universelle de Paris. De plus en plus de Québécois visitaient la France, et certains de nos premiers écrivains établissaient là-bas de précieux contacts.

Le grand succès de M. Fréchette à Paris et son couronnement par l'Académie française, poursuivait le chroniqueur, *vont retentir là-bas, au pays où Montcalm a laissé ses ossements, comme une bonne nouvelle. On y sera heureux de voir que la mère patrie d'autrefois n'oublie pas les petits-fils des enfants qu'elle a perdus. Mais quelle singulière et quelle généreuse ville, après tout, que ce Paris qui ne connaît pas un homme et qui, tout à coup, tient à le connaître et associe le nom de M. Fréchette au discours modèle de M. Victorien Sardou!*

FIERTÉ

Le Grand Esprit ne connaît point de frontières, son peuple rouge n'en reconnaîtra pas non plus.

Tecumseh, à l'agent William Wells

Les Amérindiens, nous l'avons vu ailleurs, pratiquaient une dialectique très imagée. Ils maniaient fort bien la métaphore. Tout d'abord émerveillés par ce que les Européens leur apportaient de nouveau, ils les considérèrent en quelque sorte comme des êtres supérieurs et ne leur ménagèrent pas les témoignages de leur admiration. Ainsi, ils apprirent à considérer le roi de France comme leur *père*.

Mais, au fil des décennies, ils constatèrent que les Blancs n'avaient pas le monopole de la perfection: ceux-ci convoitaient leurs territoires ancestraux et dressaient les tribus les unes contre les autres pour s'en emparer plus facilement.

Tecumseh demeure une des meilleures illustrations de cette prise de conscience. C'était un chef chaouanon qui avait acquis le respect de ses congénères. On ne le vit jamais porter des vêtements autres que ceux des siens.

Rappelons qu'après le traité de Paris, les aborigènes qui avaient été jusque-là en contact avec les autorités de la Nouvelle-France se trouvèrent en face de nouveaux *maîtres*. Ils avaient tout naturellement été amenés à transiger avec eux. Par ailleurs, les nations vivant plus au sud avaient depuis longtemps établi des relations avec les colonies anglaises qui, en 1776, devaient proclamer leur indépendance.

Au cours des années qui suivirent, les malheureux autochtones furent déchirés entre Anglais et *Américains*, ainsi que l'on désignait déjà les citoyens de la jeune république.

Tecumseh fut l'une des principales figures amérindiennes de ce conflit d'intérêts, et bien qu'il parlât l'anglais, il refusait toujours de le faire dans les conseils auxquels il participait en face d'Anglais ou d'Américains. Ceux-ci grugeaient les territoires des tribus en traitant individuellement avec les bandes. Tecumseh s'employait à unifier ses congénères. Il se conduisit bravement au cours des engagements qui, dans la région de l'Ohio, visaient à bloquer l'expansion américaine.

En dépit de tout, un auteur estime qu'en deux ans, soit entre 1803 et 1805, pas moins de trente millions d'acres passèrent aux mains des Américains. Invité par l'agent William Wells, en 1807, à se rendre au fort Wayne pour des pourparlers, il lui répondit: *Le Grand Esprit, là-haut, ne connaît point de frontières, et son peuple rouge n'en reconnaîtra pas non plus*.

William Henry Harrison, gouverneur de l'Ohio, vit en cette attitude l'influence des Anglais. Quatre ou cinq ans plus tard, le général Harrison et Tecumseh se rencontreront. Juste avant le début des délibérations, un militaire présente une chaise à Tecumseh: c'est son *père*, le général Harrison, dit-il, qui la lui fait porter. Fièrement, le chef la repousse: *Le soleil est mon père et la terre est ma mère*, répond-il en s'asseyant sur le sol, à la façon des indigènes. Cette *paternité*, il en a soupé. Comment l'en blâmer?

Le 5 octobre 1813, Tecumseh devait être mortellement blessé lors de la bataille de Moraviantown, les Britanniques l'ayant abandonné avec cinq cents des siens en face de quelque trois mille Américains.

Si j'avais eu plus de poudre, je causerais encore avec vous!

Vauquelin, à un officier anglais

Déjà, en 1758, Jean Vauquelin, âgé de trente ans, compte une carrière fort remplie dans la marine marchande. Il a une vingtaine de campagnes à son crédit lorsqu'il entre dans la marine royale avec le grade de lieutenant de frégate. On lui confie le commandement de *l'Aréthuse*, une unité de trente canons. Au début de juin 1758, il parvient à pénétrer dans la rade de Louisbourg, à la barbe de l'amiral Boscawen, y gênant considérablement les opérations de débarquement des Anglais. À la mi-juillet, il déjoue une nouvelle fois le blocus ennemi et franchit l'Atlantique, porteur d'importantes dépêches.

L'année suivante, il revient dans le Saint-Laurent à bord de *l'Atalante*. Le gouverneur de Vaudreuil le charge de l'inspection des batteries du port. Après la défaite des Plaines d'Abraham, les vaisseaux français se retirent en amont de Québec, car il faut protéger les approvisionnements entreposés à l'embouchure de la rivière Jacques-Cartier et préparer la campagne du printemps. Lévis, on le sait, espère chasser les Anglais maintenant retranchés dans Québec.

L'Atalante a passé l'hiver à Sorel. Vauquelin reçoit l'ordre de suivre l'armée de Lévis. Il appareille le 20 avril avec deux autres unités, *la Pomone* et *la Pie*, escortant des barges chargées de ravitaillements. Après la victoire de Sainte-Foy, Lévis se prépare à assiéger Québec, mais au début de mai, deux frégates anglaises se présentent devant la ville, escortant le *Vanguard*, que commande Robert Swanton.

Aussitôt, Vauquelin attire les deux frégates en amont, le *Lowestoft* et la *Diana*. Gagnées de vitesse, *l'Atalante* et *la Pomone* s'échouent à la Pointe-aux-Trembles (Neuville). Vauquelin tiendra jusqu'à la fin. Les Anglais tirent huit cent cinquante coups de canon sur *l'Atalante*. Celle-ci n'est guère plus qu'une épave quand Vauquelin fait évacuer son équipage. Il n'a plus de munitions, mais refuse de se rendre : il fait clouer son pavillon au mât et jette son épée à l'eau.

Les Anglais grimpent à l'abordage. Un officier, apercevant Vauquelin en grande tenue, mais sans épée, lui demande : *Mais, pourquoi n'amenez-vous pas vos couleurs ? — Si j'avais eu plus de poudre*, répond-il, *je causerais encore avec vous. Quant à mon drapeau, si vous voulez le prendre, vous n'avez qu'à monter et le déclouer : ma mission n'est pas de l'amener, mais de faire amener ceux de l'ennemi*. C'est Faucher de Saint-Maurice qui rapporte cet échange viril dans les *Mémoires de la Société royale du Canada*.

Ce fut Swanton qui reçut Vauquelin à Québec. Impressionné par autant de bravoure, le capitaine anglais le libéra sans retard et lui permit de rentrer en France.

Jean Vauquelin était né à Dieppe. Aussi y a-t-on donné son nom à une voie qui débouche sur le port : *Rue Vauquelin / 1728-1772 / Défenseur du Canada*. Son nom figure également, place du Canada, sur un monument dédié aux Dieppois qui ont joué un rôle important dans l'histoire de la Nouvelle-France.

Un patriote n'a jamais peur des soldats !

Le jeune Benoît Bastien

Le village de Sainte-Scholastique sortit peu écorché des opérations militaires qui marquèrent la mi-décembre 1837 dans le comté des Deux-Montagnes. Après la bataille de Saint-Eustache, où Chénier et ses hommes tinrent jusqu'à leur fin, Colborne, qui commandait soldats et miliciens, se porta à Saint-Benoît et installa son quartier général dans la maison du notaire Girouard.

Pendant ce temps, la soldatesque promenait la torche incendiaire, et à tel point que le *Vieux-Brûlot*, comme on devait le surnommer, n'échappa que de justesse aux flammes : son cheval, rapportait un peu plus tard le notaire, en eut les poils grillés. Et pourtant, pas un seul coup de feu n'avait été tiré à Saint-Benoît. Il est vrai, cependant, que c'était une pépinière de revendicateurs. Le curé de la paroisse était allé encourager Chénier et les siens à se défendre bravement. Même les femmes avaient pris une part active à la galvanisation des énergies : Mme Girouard, l'épouse du notaire, avait fondé l'Association des dames patriotiques du comté des Deux-Montagnes, et sur sa maison flottait un drapeau arborant trois têtes de morts !

Il ne faudrait pas croire que Sainte-Scholastique demeurait à l'écart de ce ferment. C'est là qu'avait été tenue la fameuse assemblée du 1er juin (1837), alors que quinze cents personnes avaient ménagé à Papineau un accueil presque délirant et voté des résolutions protestant contre les injustices et la malhonnêteté du gouvernement en place, et en particulier du Conseil législatif. Peut-être soldats et miliciens avaient-ils assouvi une bonne part de leur esprit de vengeance à Saint-Benoît ? En tout cas, le curé, messire Bonin, parvint à les convaincre d'épargner la localité.

Mais les incendiaires s'attaquèrent à la côte Saint-Joachim et à la côte Saint-Louis. Leur torche incendiaire voulait exercer une punition vengeresse à l'endroit de certains citoyens, notamment de Jacob Barcelo, qui avait présidé l'assemblée du 1er juin.

Ils recherchaient aussi la demeure d'un certain Bastien qui, le 14 décembre, était au nombre des hommes du docteur Chénier à Saint-Eustache. Quand ils y arrivèrent, ils n'y trouvèrent qu'un garçonnet.

– *Où est ton père ?*

– *Quand il est parti, il allait se battre à Saint-Eustache.*

– *Tu n'as pas peur des soldats ?*

– *Non, un patriote n'a jamais peur des soldats !*

C'était Benoît, le jeune fils du rebelle. Peut-être avait-il cueilli une telle réponse sur les lèvres mêmes de son père.

Il paraît qu'autant de candeur désarçonna l'esprit vengeur des intervenants et qu'ils épargnèrent la maison familiale, ordonnant aux pillards de la regarnir. Cette anecdote, que cite l'archiviste et conteur E.-Z. Massicotte, aurait refait surface lorsque

Benoît Bastien décéda, beaucoup plus tard. Mot d'enfant? Désinvolture acquise au contact d'un père résolu?

Oh! ce jour est à nous, chaque peuple a le sien.

Marc-Aurèle Plamondon

C'est Ludger Duvernay qui, en 1834, eut l'idée de fonder une société nationale dans le but de permettre aux Canadiens de langue française, au moins une fois l'an, de se réunir en des agapes fraternelles et de se serrer les coudes devant les combats politiques qu'ils devaient mener pour conserver leur identité, et comme le 24 juin était déjà, chez nous comme en France, une fête religieuse et populaire, ce fut le jour sur lequel il arrêta son choix pour l'organisation de manifestations patriotiques.

Au fil des ans s'établit une coutume: celle des défilés dont les chars allégoriques faisaient revivre les grandes figures et les jalons transcendants de notre jeune histoire. On rivalisait d'initiative pour que, chaque année, l'événement fût, si possible, mieux réussi que le précédent.

Peu après l'insurrection de 1837-1838, la ville de Québec se dote d'une Société Saint-Jean-Baptiste, sous la présidence de Pierre-Martial Bardy, ce qui amène les Montréalais à faire renaître la leur.

Les défilés semblent être à l'ordre du jour à peu près simultanément dans les deux villes, ce qui résulte sans doute d'une saine concurrence. En 1846, à Québec, on n'a pas le cœur aux réjouissances: l'année précédente, une conflagration a rasé les quartiers Saint-Roch, Saint-Jean et Saint-Louis, détruisant trois mille maisons et jetant seize mille personnes sur le pavé. On pleure encore les victimes.

Mais, l'année suivante, la ferveur renaît à l'égard de la fête nationale. Jusqu'à maintenant, les chars allégoriques comportaient peu d'animation, et les personnages qui y prenaient place simulaient des activités, mais cette fois, le défilé comprend une nouveauté fort remarquée.

Sur un char, on a installé une presse à vapeur, et ceux qui s'affairent autour d'elle ne miment pas des gestes : ils impriment vraiment une ode dont on distribue les exemplaires à la foule. Elle est d'un journaliste et poète âgé de vingt-quatre ans, Marc-Aurèle Plamondon, et sa facture invite au patriotisme. On y lit notamment :

Oh ! ce jour est à nous, chaque peuple a le sien.
Jours de bruyants concerts, d'émotion ardente,
De transports ravissants. Débordant de son sein
Comme en un jour serein, la lave mugissante
Jaillit à flots pressés des hauteurs d'un volcan.

À Montréal comme à Québec, les défilés du 24 juin devaient faire longtemps partie du folklore populaire le plus attendu chaque année. En 1879, à Montréal, le thème choisi était : *L'Union fait la force*, et parmi les chars allégoriques, il s'en trouvait un dédié à l'imprimerie et à la reliure. On eut recours à la vapeur pour animer les presses !

FRATERNITÉ

Nos garçons se marieront à vos filles et nous ne serons plus qu'un peuple.

Samuel de Champlain, à des indigènes

Il serait souhaitable que l'espace permît d'évoquer le désintéressement dont le fondateur de Québec fit toujours preuve au fil de sa carrière.

En 1632, le traité de Saint-Germain-en-Laye restitue Québec à la France. Champlain, qui a fondé le poste en 1608, y revient le 23 mai 1633. Dès le lendemain, il reprend contact avec les indigènes, qu'il côtoie depuis plus d'un quart de siècle.

Ouvrons ici une parenthèse, pour souligner que, si trop de profiteurs ont abusé de la naïveté des autochtones en pratiquant la traite des fourrures, notamment sous le régime des compagnies, on ne saurait prétendre que la métropole avait érigé en politique coloniale leur exploitation ; elle favorisait plutôt leur intégration aux nouveaux occupants en les sédentarisant, en les initiant à l'agriculture et en tentant de favoriser les mariages entre Visages Pâles et Peaux Rouges.

Le 24 mai 1633, donc, dix-huit canots d'indigènes arrivent à Québec ; ils sont en route vers Tadoussac, pense-t-on, car il s'y trouve trois vaisseaux anglais. L'un des *capitaines* emplumés est le fils d'un chef qui a été tué aux côtés de Champlain en 1610 lors d'une escarmouche avec des Iroquois à l'embouchure de la rivière qui porte le nom de ceux-ci, l'actuelle Richelieu.

Champlain, accompagné d'un interprète, accueille les visiteurs. Il est homme de parole, leur dit-il: il est revenu les voir, tel que promis, malgré les risques de la navigation; il établira un poste français plus haut, sur le Saint-Laurent, afin de les protéger des incursions iroquoises (Trois-Rivières); enfin, des missionnaires s'installeront à demeure dans leurs bourgades.

Le *capitaine* lui répond *auec une rhétorique aussi fine et deliée, qu'il en sçauroit sortir de l'escolle d'Aristote, ou de Ciceron*. C'est le supérieur des jésuites, le père Paul Le Jeune, qui en témoigne. L'orateur rappelle la mémoire de son père, puis rend à Champlain l'hommage qu'il n'a jamais trompé ses congénères. Pour bien illustrer la sincérité de ses propos, Champlain ajoute alors: *Nos garçons se marieront à vos filles et nous ne serons plus qu'un peuple*. Là-dessus, l'un des *capitaines* rétorque: *Tu nous dis toujours quelque chose de gaillard pour nous réjouir; si cela arrivait, nous serions bien heureux*. Et le père Le Jeune d'observer: *Ceux qui croient que les Sauuages ont vn esprit de plomb et de terre, cognoistront par ce discours qu'ils ne sont pas si massifs qu'on les pourroit depeindre*.

Mais le rêve généreux du *Père de la Nouvelle-France* n'eut pas de suite importante. Le 3 novembre 1644, Martin Prévost épousait Marie Manitouabewich, à Québec, la première union d'un Français et d'une Amérindienne. Il n'y eut que fort peu de mariages semblables au cours des décennies suivantes. Sur plus de deux millions d'actes figurant dans les registres de l'état civil, le généalogiste Cyprien Tanguay en a relevé un peu moins d'une centaine.

Cessons nos luttes fratricides!

Honoré Mercier

En 1889, Honoré Mercier avait atteint le faîte de sa popularité, et le 24 juin de cette année-là, à l'occasion de l'inauguration du monument Cartier-Brébeuf, à Québec, il prononça l'un des meilleurs, sinon le meilleur discours de sa carrière.

Les réalisations ne manquaient pas à son crédit de premier ministre. Les patriotes voyaient en lui le vengeur de Riel, qu'il appelait son *frère par le sang*. Il menait ses tournées électorales à un train d'enfer et soulevait l'enthousiasme des foules. Sa première grande loi, en arrivant au timon des affaires du Québec, avait été celle qui incorporait l'ordre des jésuites, lui donnant ainsi la reconnaissance civile; elle avait soulevé beaucoup de critique, mais, grâce à sa diplomatie, il parvint à renverser en sa faveur une situation fort délicate. C'était en 1887.

Puis Mercier créa un ministère de l'Agriculture et de la Colonisation, choisissant pour occuper le poste de sous-ministre nul autre que le curé Labelle, qui, pourtant, admirait Chapleau. *Malgré mes vieilles amitiés, je ne peux m'empêcher de tendre une main cordiale au premier ministre*, avait reconnu le *Roi du Nord*, un peu plus tôt, devant les initiatives gouvernementales en matière de colonisation.

À l'automne (1887), Mercier avait présidé la première conférence interprovinciale, consolidant son prestige non seulement au Québec, mais ailleurs au Canada. Macdonald avait refusé plutôt sèchement de participer à l'événement qui, dans l'esprit de Mercier, devait renforcer l'unité.

Au début de 1888, Honoré Mercier séjourne en France: le Québec a besoin de capitaux, et il préfère les solliciter là-bas plutôt qu'aux États-Unis, dont la tutelle économique constitue un danger à ses yeux. On lui reproche d'être libéral, un adjectif qui, dans l'esprit de plusieurs, comporte une connotation essentiellement péjorative. Il s'emploie à distinguer le libéralisme religieux, que rejette l'Église, du libéralisme politique, synonyme de progrès, mais les conservateurs, bien sûr, répudient l'un et l'autre.

Lorsque surgit à l'horizon un projet de fédération impériale, Mercier le repoussa avec la dernière énergie: *régime odieux*, disait-il, *qui nous condamnerait à l'impôt forcé du sang et nous arracherait nos fils pour les jeter dans des guerres lointaines.* Il y eut levée de boucliers chez les Canadiens anglophones.

En 1889, donc, le 24 juin, Mercier prêchait l'unité à tous ses compatriotes. *Nous ne sommes pas aussi forts que nous devrions l'être parce que nous sommes divisés*, dit-il. *Nous sommes divisés parce que nous avons hérité des qualifications de rouges et de bleus, parce que le respect humain nous dit de nous appeler libéraux ou conservateurs. Sacrifions nos haines sur l'autel de la patrie, et en ce jour de patriotiques réjouissances, donnons-nous la main comme des frères. Que notre cri de ralliement soit à l'avenir ces mots qui seront notre force: Cessons nos luttes fratricides et unissons-nous!*

Ces derniers mots, nous les relisons de nos jours, coulés dans le bronze, sur le piédestal de la statue de Mercier, dans les jardins de l'hôtel du gouvernement, à Québec.

GALANTERIE

Je vous remets les armes.
— Elles sont en bonnes mains!

Le sieur de La Monnerie, à Madeleine de Verchères

Même si l'exploit rapporté ci-après a toujours figuré dans les manuels scolaires, il serait impardonnable de le passer sous silence dans ces pages, puisqu'il a été à l'origine de l'un de nos mots historiques les plus célèbres.

En 1672, François Jarret, sieur de Verchères, en reconnaissance de ses services au sein du régiment de Carignan, recevait, sur les bords du Saint-Laurent, une seigneurie qui prit son nom, à une quinzaine de kilomètres en aval de celle de Longueuil.

Il s'employa à la mettre en valeur, si bien que, dix ans plus tard, il y avait établi une douzaine de familles malgré la menace iroquoise.

Le sieur de Verchères avait fait ériger un fortin où ses censitaires pouvaient se réfugier à la moindre alerte. Le 22 octobre 1692, il était à Québec, à la requête du gouverneur de Callières, et son épouse, Marie Perrot, à Montréal. Leur fille, Marie-Madeleine, âgée de quatorze ans, était demeurée au foyer avec deux frères, plus jeunes qu'elle. Le récit de ce qui se passa ce jour-là, nous l'empruntons au compte rendu qu'en fit l'héroïne elle-même.

Elle se trouve à cinq arpents du fortin, lorsqu'elle entend des coups de fusil. Des Iroquois donnent la chasse à des colons, à environ une demi-lieue. Un domestique lui crie de se sauver: une quarantaine de guerriers la poursuivent, à seulement une portée de pistolet.

Résolue de mourir plutôt que de tomber entre leurs mains, écrit-elle, *je cherchai à trouver mon salut dans la fuite : je courus vers le fort, en me recommandant à la Sainte Vierge et en lui disant dans ma prière que j'aimerais mille fois mieux périr que de tomber entre les mains d'une nation qui ne la connaissait pas.*

Dans la redoute se trouvent deux soldats qui s'y sont réfugiés, les deux frères de Madeleine, un vieillard et deux femmes en pleurs dont les maris viennent d'être massacrés. *Je plaçai mes deux frères sur deux bastions, le jeune de 80 ans sur le troisième, et moi sur le quatrième,* rapporte la jeune fille. Elle ajoute: *La bataille fit rage toute la nuit, et je puis dire avec vérité que je fus deux fois 24 heures sans dormir ni manger.*

Il s'écoula une semaine avant que du secours n'arrivât. C'était le sieur de La Monnerie à la tête de quarante hommes.

Dès leur arrivée, poursuit Madeleine, *je fis ouvrir la porte du fort, et leur souhaitant la bienvenue, j'ajoutai :* Messieurs, je vous rends les armes. — Mademoiselle, *très galamment me répondirent-ils*, elles sont en bonnes mains. — Meilleures que vous croyez, *répliquai-je.*

La jeune Madeleine ne manquait pas d'atavisme: deux ans plus tôt, sa mère avait soutenu semblable siège pendant deux jours! Philippe Hébert a sculpté de Madeleine de Verchères une magnifique statue qui fut dévoilée, à Verchères en septembre 1913.

Si toutes les dames canadiennes vous ressemblent, j'ai vraiment fait une belle conquête!

George III, à madame de Léry

Après la Conquête, plusieurs familles en vue demeurées dans la colonie, ou qui y rentrèrent de France, établirent des contacts sociaux avec les nouvelles autorités en place. Ce fut le cas de Gaspard-Joseph Chaussegros de Léry et de son épouse.

Ce personnage appartenait à une lignée d'ingénieurs militaires. Son père, qui portait les mêmes prénoms, était venu en Nouvelle-France en 1716 pour dresser les plans des ouvrages défensifs de Québec et ceux des travaux à exécuter pour les renforcer. L'année suivante, il épousait une Québécoise, Marie-Renée Le Gardeur de Beauvais, qui devait lui donner dix enfants, dont Gaspard-Joseph, né à Québec en 1721, et qui, en 1753, épousait, dans la même ville, Louise, fille de François Martel de Brouague, qui occupait le poste de commandant du Labrador. En deuxièmes noces, ce dernier avait épousé Louise-Madeleine Mariauchau d'Esgly, sœur de Louis-Philippe, qui allait devenir évêque de Québec en 1784, le premier Canadien à occuper ce siège.

Gaspard-Joseph et Louise appartenaient donc à deux familles fort respectées. Ils devaient avoir pas moins de dix-huit enfants!

L'ingénieur eut une carrière trop remplie pour qu'il soit possible de la résumer ici. Il construisit des forts, participa à des opérations militaires et s'acquitta de missions diplomatiques. Présent à la bataille de Sainte-Foy, il y fut blessé. En 1761, il partit pour la France avec sa famille.

Là-bas, malgré une carrière qui lui avait valu la croix de Saint-Louis, ses efforts pour trouver dans l'armée un grade digne de son rang ne débouchèrent sur aucun résultat. Il décida de rentrer au Canada, où il possédait des biens, notamment la seigneurie de Léry. En 1763, il en exprima le désir aux représentants de l'Angleterre à Paris, et c'est ainsi qu'il passa par Londres.

Il fut le premier seigneur canadien à être présenté à George III. Son épouse, la belle Louise, l'accompagnait. Admiration? Galanterie? Le souverain lui dit: *Si toutes les dames canadiennes vous ressemblent, j'ai vraiment fait une belle conquête!*

Après quelque hésitation, les autorités de la colonie l'accueillirent favorablement. Il obtint le poste de grand voyer du district de Québec, puis fut nommé au Conseil législatif, tout d'abord du Québec, puis du Bas-Canada, où il siégea jusqu'à son décès, en 1797. Il y joua un rôle très actif dans les délibérations portant sur l'adoption de plusieurs lois importantes.

L'un des fils de Gaspard-Joseph Chaussegros de Léry et de Louise Martel de Brouague, François-Joseph, épousa la fille du général Kellermann, maréchal de France, et connut une si éclatante carrière militaire que son nom a été gravé dans la pierre de l'Arc de triomphe, à Paris, au nombre des cinq cent cinquante-huit généraux dont ce monument perpétue le souvenir. Trente-cinq campagnes et soixante-dix batailles ou sièges figuraient à son palmarès : il méritait bien cet honneur !

Mais, sir, vous n'avez pas besoin d'épée pour vaincre !

Marie-Louise Marmette, à sir Adolphe Chapleau

Marie-Louise Marmette était la fille du romancier Joseph Marmette, à qui Adolphe Chapleau avait confié le poste d'adjoint d'Hector Fabre à Paris ; en son temps, on le comparaît volontiers à Alfred de Musset, dont il avait la *politesse recherchée*. Son grand-père maternel était nul autre que l'historien François-Xavier Garneau. On comprendra facilement qu'issue d'un tel milieu, Marie-Louise Marmette n'avait pas tardé à devenir femme du monde. Elle avait acquis à Paris une culture et un raffinement auprès d'éducatrices chevronnées, les filles du célèbre général Berthier, dont un grand boulevard de la Ville lumière porte le nom.

Joseph-Adolphe Chapleau était lieutenant-gouverneur du Québec depuis décembre 1892 lorsqu'il fut promu chevalier-commandeur de Saint-Michel et Saint-George, un peu moins de trois ans plus tard. Il se devait, dans les cérémonies officielles, de porter l'uniforme de sa nouvelle qualité.

Or, un jour, il parut en semblable occasion sans son épée; il avait tout simplement oublié de la ceindre. Constatant sa confusion, Mlle Marmette s'approcha gracieusement: *Mais, sir,* lui dit-elle, *vous n'avez pas besoin d'épée pour vaincre!* Cette remarque spontanée survint à point nommé pour détendre l'atmosphère.

Louis Fréchette avait surnommé Mlle Marmette: la *perle canadienne*. Sous le pseudonyme de Louyse de Bienville, elle signa de nombreux textes dans des publications canadiennes et françaises. Sa fille, Marguerite Brodeur, en réunit un certain nombre dans *Figures et Paysages*, ouvrage paru en 1931 avec préface d'Édouard Montpetit.

GRANDILOQUENCE

Le Canada, notre pays natal, nous ensevelira sous ses ruines plutôt que de nous rendre aux Anglais.

Le gouverneur de Vaudreuil, au ministre de la Marine

S'il y a loin de la coupe aux lèvres, un abîme se creuse parfois entre la magnanimité d'un engagement et l'implacable réalité.

Celui qui sera le dernier gouverneur de la Nouvelle-France, Pierre de Cavagnal, marquis de Vaudreuil, avait une affection particulière pour les Canadiens, un sentiment qui se comprend facilement puisqu'il fut le premier fils de la colonie à accéder à ce poste prestigieux. D'ailleurs, ce sera là l'un des facteurs qui expliqueront les profondes divergences survenues entre lui et le marquis de Montcalm.

Au printemps de 1759, une redoutable armada se forme peu à peu dans la rade de Louisbourg : les Anglais projettent de porter un coup fatal à la colonie française. Le gouverneur succombe-t-il à l'euphorie des succès que Montcalm a remportés contre un ennemi numériquement supérieur ? Le 28 mai, de Québec, il écrit au ministre de la Marine :

Les troupes, les Canadiens et les sauvages n'ignorent point la résolution que j'ai prise et dont je ne me rétracterai point dans quelque circonstance que je puisse me trouver réduit. Les citoyens de cette ville ont déjà mis en sûreté leurs effets et leurs meubles ; les vieillards, les femmes, les filles et les enfants se tiennent prêts à évacuer la ville. Ma fermeté est généralement applaudie ; elle a pénétré dans tous les cœurs, et un chacun dit hautement : le Canada, notre pays natal, nous ensevelira sous ses ruines plutôt que de nous rendre aux Anglais. *C'est un parti que j'ai décidément pris et que je tiendrai inviolablement.*

Voilà qui traduit une détermination inébranlable. Et pourtant...

Le 12 juillet débute le siège ; les bombes pleuvront sur Québec pendant deux mois, jusqu'au jour fatidique du 13 septembre : celui de la bataille des Plaines d'Abraham. Deux jours plus tard, un conseil de guerre décide à quatorze contre un de tenter d'obtenir de l'ennemi la plus avantageuse capitulation possible : il ne reste, au chapitre des vivres, que de quinze à seize mille rations pour six mille bouches ! La conscience de la réalité prend le pas sur la grandiloquence.

L'année suivante, trois armées anglaises encerclent Montréal. La situation est désespérée. Le gouverneur estime qu'il ne peut plus tenir inviolablement son parti. Il cédera la ville sans coup férir, voulant l'épargner d'une destruction systématique par les bombes. Il refusera même au chevalier de Lévis l'autorisation de se retirer dans l'île Sainte-Hélène pour y défendre en son nom l'honneur des armes du roi.

Le gouverneur n'attend pas d'être enseveli sous les ruines de son pays natal pour demander quartier. Le 8 septembre (1760), il signe la capitulation de la Nouvelle-France. Louis Fréchette en évoquera plus tard les conséquences dans un populaire alexandrin: le drapeau fleurdelisé...

Ferma son aile blanche et repassa les mers.

HONNEUR

Il serait inouï de se soumettre à des conditions humiliantes sans être canonnés.

Lévis, à Vaudreuil

Nous avons évoqué précédemment la noble figure du chevalier de Lévis, qui succéda à Montcalm comme commandant en chef des troupes françaises, remporta la brillante mais inutile victoire de Sainte-Foy, puis se replia sur Montréal avec la détermination de défendre la ville contre des forces numériquement supérieures aux siennes.

Mais, c'est au gouverneur général, le marquis de Vaudreuil, qu'il appartenait de décider du sort de la Nouvelle-France : résistance ou reddition. Il choisit la seconde. Il lui paraissait que l'intérêt général de la colonie exigeait que les choses ne fussent pas poussées jusqu'à la dernière extrémité, que l'on acceptât plutôt une capitulation honorable pour les troupes et humanitaire pour la population.

Quand le chevalier de Lévis prend connaissance des articles proposés par les Français, mais corrigés par l'ennemi, l'un de ceux-ci exigeant que les troupes mettent bas les armes et ne servent plus au cours de la guerre, il juge que cette double disposition est contraire à l'honneur et remet un mémoire au gouverneur.

Nous demandons de rompre présentement tout pourparler avec le général anglois et de se déterminer à la plus vigoureuse défense dont notre position actuelle puisse être susceptible.

Nous occupons la ville de Montréal qui, quoique très mauvaise et hors d'état de soutenir un siège, est à l'abri d'un coup de main et ne peut être prise sans canon. Il seroit inouï de se soumettre à des conditions si dures et si humiliantes pour les troupes sans être canonnés.

D'ailleurs, il reste encore assez de munitions pour soutenir un combat, si l'ennemi vouloit nous attaquer l'épée à la main, et pour en livrer un, si M. de Vaudreuil veut tenter la fortune, quoique avec des forces extrêmement disproportionnées et peu d'espoir de réussir.

Si M. le marquis de Vaudreuil, par des vues politiques, se croit obligé de rendre présentement la colonie aux Anglois, nous lui demandons la liberté de nous retirer dans l'île Sainte-Hélène, pour y soutenir en notre nom l'honneur des armes du Roi.

Et Lévis termine : *Je prie M. le marquis de Vaudreuil de mettre sa réponse par écrit au bas du présent mémoire.*

La réponse ne se fit pas attendre : *Attendu que l'intérêt de la colonie ne nous permet pas de refuser les conditions proposées par le général anglois, lesquelles sont avantageuses au pays dont le sort m'est confié, j'ordonne à M. le chevalier de Lévis de se conformer à la présente capitulation, et faire mettre bas les armes aux troupes.*

Pour épargner à celles-ci une partie de l'humiliation qu'elles allaient subir, Lévis leur ordonna de brûler leurs drapeaux.

HOSPITALITÉ

Que le soleil est beau, Français,
quand tu nous viens visiter!

Hiawatha, au Père Marquette

Dans l'Aisne, en France, Laon, du haut de son promontoire, domine la vaste plaine champenoise. Dans l'un de ses parcs, une statue rappelle la mémoire du missionnaire Jacques Marquette, car il y a vu le jour en 1637. Trois siècles plus tard, on y a érigé une stèle coulée au moyen de bronze provenant de vieilles pièces de monnaie offertes par les Laonnois et de cents recueillis par souscription auprès des citoyens de la ville de Marquette, Michigan. Mais l'armée d'occupation allemande devait l'enlever pour en récupérer le métal. En 1950, l'ambassadeur du Canada, le général Vanier, et un représentant des États-Unis dévoilaient conjointement la statue qui, depuis lors, évoque le souvenir d'un Laonnois qui a joué un important rôle dans l'histoire de l'Amérique française.

Car, le père Marquette accompagnait Louis Jolliet lorsque celui-ci descendit le Mississipi. L'intendant Talon souhaitait envoyer un explorateur *à la découverte de la mer du Sud par le pays des Mashoutins, et à la grande rivière qu'ils appellent Michissipi qu'on croit se décharger dans la mer de Californie.*

Dans la région des Grands Lacs, il rencontre le père Marquette, qui a déjà songé à visiter les Illinois en passant par le grand fleuve. Il n'a pas de peine à le convaincre de faire partie de l'expédition. Le départ se fait à la mi-mai 1673. Un mois plus tard, les hardis avironneurs atteignent leur objectif. Ils sont sept, répartis en deux canots. Les Peorias, qui vivent sur les bords du cours d'eau, les accueillent avec des démonstrations d'amitié. Leur chef, Hiawatha, s'écrie en apercevant le missionnaire : *Que le soleil est beau, Français, quand tu nous viens visiter!* Cette phrase a été inscrite sur la plaque de bronze qui identifie la statue du père Marquette, à Laon.

Jolliet poursuit son expédition et reconnaît les embouchures du Missouri et de l'Ohio, pour atteindre enfin un point situé un peu en deçà de la frontière de l'actuelle Louisiane. Depuis leur départ des Grands Lacs, les explorateurs ont parcouru une distance d'environ deux mille cinq cents kilomètres ! Jolliet souhaiterait continuer, mais les tribus autochtones commencent à faire preuve d'hostilité. Il juge prudent de rebrousser chemin. Même s'il n'a pas vu l'embouchure du Mississipi, il rentre avec la certitude que le grand fleuve se jette dans le golfe du Mexique, la *mer du Sud*.

De nos jours, une ville de l'état des Illinois porte le nom du découvreur, alors qu'une autre, au Michigan, a reçu celui du missionnaire. À la hauteur de Prairie-du-Chien, dans le Wisconsin, on traverse le Mississipi sur le *Marquette-Joliet Memorial Bridge*, dont la construction fut achevée en 1974, et qui permet de passer du Wisconsin à l'Iowa.

Le nom du père Marquette s'est perpétué de nombreuses façons. Sa statue représente le Wisconsin sous la coupole du capitole de Washington.

Vous avez mangé en habitant, vous allez maintenant dîner en gouverneur.

Un cultivateur, au gouverneur Prévost

Deux gouverneurs du Canada, sous le régime anglais, firent preuve d'une compréhension particulière à l'égard des sujets francophones de Sa Majesté : Frederick Haldimand et George Prévost. Tous deux d'origine suisse, ils parlaient couramment le français et descendaient probablement de huguenots qui s'étaient réfugiés dans ce pays pour échapper aux persécutions religieuses. Le premier, d'ailleurs, écrivait en français aux autorités supérieures de Londres, jusqu'à ce que son secrétaire arrivât.

Prévost avait vu le jour à New York d'un père genevois et d'une mère lausannoise. Lors de sa nomination comme gouverneur en chef du Canada, il remplaçait James Craig. À l'administration rigide de celui-ci succéda une ère de conciliation. Ainsi, le nouveau titulaire nomma juge, aux Trois-Rivières, nul autre que Pierre-Stanislas Bédard, que son prédécesseur avait fait jeter en prison pour sédition !

Il est certain qu'étant de culture française et pouvant tout naturellement s'entretenir dans sa langue maternelle avec la population francophone, celle-ci lui témoigna une sympathie spontanée, qu'il se plut d'ailleurs à entretenir.

Prévost, donc, sut gagner la confiance d'une importante partie de l'élite, au point où il réussit à faire voter facilement une nouvelle loi sur la milice et à obtenir en ce domaine la participation de la population, ce qui contrastait singulièrement avec l'attitude générale lors de l'invasion américaine de 1775-1776. On peut croire que c'est à un capitaine de milice qu'il s'adressa lorsqu'un jour, alors qu'il visitait les paroisses entourant Montréal, il aperçut un cultivateur travaillant aux champs et décida, sans façon, de lui demander de s'asseoir à sa table.

Déjà, les valets de ferme avaient commencé à casser la croûte dans la grande cuisine. Le patron fit asseoir le gouverneur à un bout de la table et s'installa à l'autre. On rapporte que Prévost se mit à manger de bon cœur, bien que sa suite se montrât quelque peu réticente.

Après quelques minutes, le maître de céans se leva et dit à son prestigieux invité :

– *Vous avez mangé en habitant, vous allez maintenant dîner en gouverneur!*

Puis, il ouvrit la porte de la salle à manger, où était dressée une table abondamment et délicatement servie ! Il paraît que Son Excellence et sa suite y firent honneur.

On devine que la bienveillante inclination du gouverneur à l'endroit des francophones se traduisit par une croissante inimitié de la part de factions de l'élite anglophone, notamment au Haut-Canada. Sa politique de conciliation, disait-on, était désastreuse. L'ancien conseiller personnel de Craig, Herman Witsius Ryland, devenu greffier du Conseil exécutif, alla jusqu'à écrire à son sujet : *Le voilà assis comme un imbécile, dans une embarcation, admirant la rapidité du courant qui est sur le point de le plonger dans l'abîme!*

Nous avons appris avec plaisir, mon frère, que tu venais cacher ton wigwam sous nos ombrages.

Les Hurons, à Louis Panet

La famille Panet joua un rôle prépondérant dans notre histoire. Elle était d'origine parisienne, plus particulièrement de la paroisse de Saint-Germain-l'Auxerrois. Jean-Nicolas Panet, caissier de la Marine, eut huit enfants, dont Jean-Claude et Pierre-Méru. Le premier devait être à l'origine de la branche de Québec, et le second, de celle de Montréal.

Pierre-Méru Panet, tout d'abord notaire, puis avocat, devait, le 12 novembre 1775, négocier avec le général Montgomery la capitulation de Montréal. Il fut par la suite juge de la Cour des plaidoyers communs, puis membre du Conseil exécutif.

Son frère, Jean-Claude, arriva au pays en qualité de soldat et ne tarda pas à obtenir une commission de notaire. Il fut par la suite assesseur auprès du Conseil supérieur. Sous le régime anglais, il assuma deux ou trois postes dans le domaine de la justice et était, au moment de son décès, juge de la Cour des plaidoyers communs pour le district de Montréal.

Fils de Jean-Claude, Jean-Antoine est le mieux connu de la lignée, car, élu député de la haute ville de Québec, il devait être désigné, en 1792, comme le premier président de la Chambre d'assemblée du Bas-Canada. Le peintre Charles Huot a signé, pour rappeler l'historique séance au cours de laquelle il a été choisi, un grand tableau qui, pourrait-on dire, préside de nos jours aux délibérations de notre Assemblée nationale à Québec.

Mais il ne faut pas minimiser la carrière de son frère, Bernard-Claude, qui fut le treizième évêque de Québec.

Au nombre des enfants de Jean-Antoine Panet, quatre firent carrière dans le droit ou la politique, dont Louis. En 1824, celui-ci refusa l'invitation que lui firent les électeurs de la haute ville de Québec de les représenter à la Chambre d'assemblée, où il aurait pourtant occupé l'ancien siège de son père. Trois ans plus tard, Gosford le nommait au Conseil exécutif. En 1852, il accéda au Conseil législatif du Canada uni, poste qu'il conserva jusqu'à la Confédération, pour devenir alors membre du Conseil législatif du Québec pour la division de La Salle.

Pendant ce mandat, il élit domicile à l'Ancienne-Lorette, et les Hurons voulurent lui rendre hommage en lui donnant le titre de membre honoraire de leur bande sous le nom d'*Odario*, signifiant *Belle-Rivière*.

Nous avons appris avec plaisir, mon frère, lui dirent-ils dans une adresse, *que tu venais cacher ton wigwam sous nos ombrages. Nous t'aimons déjà depuis longtemps, nous ne t'en aimerons que davantage. On nous dit que tu nommais ton wigwam* Castorville. *Merci encore, car le castor est un gibier qui nous donne la subsistance. En souvenir de bonne amitié, nous te donnons ce castor vide : quand tu le voudras, tu trouveras toujours chez nous, dans la chaudière, la chair qui manque à cette peau.*

De ton côté, nous ne doutons pas que tu sauras la remplacer chez toi par du bon pétun, que nous fumerons avec toi et qui embaumera ton wigwam des agréables odeurs de la paix. Les *enfants des bois* avaient le symbolisme généreux !

HUMOUR

On ne peut se payer le luxe de deux ivrognes dans le cabinet!

Macdonald, à D'Arcy McGee

On a surnommé John Alexander Macdonald l'architecte de la Confédération. Il était né à Glasgow en 1815 et avait passé sa jeunesse à Kingston, dans le Haut-Canada. Son avènement dans la vie politique datait de 1844.

C'était un politicien habile et respecté, et il possédait un remarquable sens de l'humour, que l'on trouve souvent, d'ailleurs, chez les Écossais. Cependant, on ne peut plus dire que seules de mauvaises langues lui prêtaient un penchant pour l'alcool, car ce trait fait partie de sa légende. Il s'amusait à retourner contre lui-même les remarques désobligeantes qui circulaient à ce sujet, en des quiproquos qui rangeaient les foules de son côté.

Macdonald avait confié le portefeuille de l'Agriculture à son bon ami Thomas D'Arcy McGee, député du comté de Montréal-Ouest, qui avait oeuvré, dans son Irlande natale, auprès du célèbre Daniel O'Connell, puis fondé des journaux aux États-Unis, avant de s'établir à Montréal en 1857. Il devait connaître une fin tragique: le 7 avril 1868, tandis qu'il rentrait tranquillement à sa maison de pension, rue Sparks, à Ottawa, un activiste fénien l'assassina: le premier meutre politique au Canada.

Il paraît que McGee partageait l'inclination de son chef pour l'artificielle griserie, mais peut-être ne savait-il pas aussi bien composer avec cette dangereuse sujétion. Commit-il quelque bourde risquant d'entacher sa réputation et celle du parti?

Quoi qu'il en fût, Macdonald le convoqua. Les propos qu'échangèrent les deux amis ne furent pas révélés, sauf pour une boutade devenue classique dans nos annales politiques. Macdonald, champion d'un sens de l'humour souvent incisif, termina l'entretien de façon à ne pas blesser l'amour-propre de son ministre: *On ne peut vraiment pas se payer le luxe de deux ivrognes dans le cabinet!* Il avait su une fois de plus *dorer la pilule* en retournant contre lui un reproche qui s'enrobait ainsi d'une certaine bienveillance.

On dit que chaque homme célèbre a son sosie. Macdonald, paraît-il, était celui de Benjamin Disraeli, premier comte de Beaconsfield, premier ministre de l'Angleterre sous la reine Victoria, qu'il fit proclamer impératrice des Indes.

Disraeli décéda en 1881. Peu après, Macdonald se présentait, à Londres, chez une dame de la haute société qui avait réuni chez elle toute l'élite du parti conservateur. Sur le coup de minuit, rapporte-t-on, Macdonald se présentait à la porte du salon. Stupeur générale : on pensa un instant que l'éminence... grise de Victoria revenait sur terre pour rechausser ses bottes de chef de parti !

Un coup de corne n'est pas si à craindre qu'un coup de canon.

Journal anonyme du siège de Québec

Même dans les situations les plus dramatiques, il se trouve souvent quelqu'un pour émailler le fil des jours d'aimables gaillardises.

On n'a jamais pu identifier l'auteur du *Journal du siège de Québec du 10 mai au 18 septembre 1759*, et c'est malheureux, car le sens de l'observation, le souci du détail, le plaisir de l'anecdote et beaucoup de petites méchancetés en constituent la trame.

Nous esquissons ailleurs les traits de Charles-François Tarieu de La Naudière, un fils de Madeleine de Verchères. Contrairement à sa mère, aucune action d'éclat ne jalonna sa carrière, bien qu'il fût de tous les combats de la guerre de Sept Ans, y compris Carillon et Sainte-Foy. Mais il faut toujours des gens pour mener à bien les tâches aussi ingrates que nécessaires, et parce que Tarieu de La Naudière s'est gagné le respect, ce fut vers lui que se tourna le gouverneur de Vaudreuil pour réquisitionner dans les campagnes les bœufs nécessaires au ravitaillement des armées.

Responsabilité délicate s'il en est une. *Telle est la confiance qu'ont en vous les habitants*, reconnaît le gouverneur, *que nous avons cru ne pouvoir faire un meilleur choix que celui de votre personne pour une semblable mission*. Et il ajoute : *Avec cet ordre, vous trouverez l'ordonnance rendue conjointement avec l'intendant, qui enjoint aux habitants de déclarer leurs animaux. Vous ne manquerez pas, j'en ai la conviction, de leur remontrer avec la douceur possible qu'il y va de leur propre intérêt de se prêter à ce que demande d'eux le salut de la colonie.*

Mais Tarieu de La Naudière hésite : on lui demande en quelque sorte de dépouiller les terriens de leurs biens. *Je sais très bien, monsieur,* lui répond le gouverneur, *la peine et l'embarras que vous donne la mission dont je vous ai chargé, et qui ne peut qu'augmenter la situation si triste des habitants, mais il est essentiel que nous pourvoyions à la subsistance de l'armée et que, pour cet effet, nous ayons recours à tous les moyens. Nos besoins sont pressants et le moindre retard peut nous devenir funeste.*

À la date du 24 juin (1759), l'auteur anonyme du *Journal du siège de Québec* consigne ce qui suit :

M. de Lanaudière, chevalier de St. Louis, est actuellement occupé à acheter des boeufs et vaches dans les campagnes. Il ajoute : *Cette nouvelle dignité lui est plus lucrative que la première ; d'ailleurs un coup de corne n'est pas si à craindre qu'un coup de canon qui fait très souvent la récompense des bons officiers.*

On parle parfois de prémonition. Cet auteur anonyme n'avait tout de même pu prévoir qu'un fils de Tarieu de La Naudière allait, dix ans plus tard, épouser Geneviève-Élisabeth de... La Corne !

Le principal fonctionnaire du mariage... c'est le mari!

Arthur Buies

Le Québec vint près de perdre un écrivain avant même de se l'être acquis. Personnalité fort controversée que celle d'Arthur Buies, et étonnant cheminement que le sien. Il a à peine vu le jour que ses parents le laissent à deux tantes pour aller vivre en Guyane. Celles-ci confient son éducation au collège de la Pocatière, puis au petit séminaire de Québec, enfin, au séminaire de Nicolet.

À l'âge de dix-huit ans, il retrouve, à la Guyane, son père remarié, et se laisse convaincre de continuer ses études à Dublin. Paris n'est pas loin: il s'y inscrit à un lycée, mais il répond à l'appel de l'aventure et part pour Rome. Afin d'y subsister, il s'enrôle dans l'armée de Garibaldi, où, *fort heureusement*, devait écrire Jean Chauvin, *il ne fit pas beaucoup de mal à ses frères zouaves canadiens*. Épris de liberté, *n'aimant ni le vin italien ni le rouge un peu trop violent de sa chemise garibaldienne*, il rentre au pays.

Il se tourne vers le droit et, en 1866, sera effectivement admis au barreau de Québec, grâce à la complicité de Me Rodolphe Laflamme, qui va connaître une brillante carrière politique et juridique. C'est dans son étude que Buies doit faire sa cléricature, mais il ne montre pas plus de constance en cela qu'en autre chose. *Comme tout disciple d'avenir*, reconnaissait plus tard Buies avec humour, *je n'avais paru au bureau de mon patron qu'une quinzaine de jours durant mes trois années de cléricature. Les examinateurs d'alors n'étaient pas, heureusement, des tigres altérés de sang de clerc, comme ceux d'aujourd'hui.*

L'avocat Laflamme ne fut sûrement pas insensible à la personnalité peu ordinaire de son clerc. Arthur Buies n'avait sûrement rien de commun avec le rigorisme de son époque, mais, c'est bien connu, les voyages forment la jeunesse, et on peut facilement deviner que son patron décela chez lui une intelligence supérieure, ce qui était le cas. Me Laflamme, bien que connaissant les faiblesses de son clerc, en commit une à son endroit, et *chargea sa conscience d'une gigantesque imposture* en lui remettant un certificat d'assiduité.

Les examinateurs d'alors, poursuivait Buies, *joignaient à une grande bénévolence un flair remarquable, ce qui leur permettait de discerner quelquefois dans le candidat un grand jurisconsulte futur*.

Buies se présenta devant les examinateurs avec les documents requis. *Tous sont aujourd'hui des juges*, devait-il reconnaître plus tard, *sauf celui qui me posa la plus embarrassante des questions*:

– *Quel est le principal fonctionnaire du mariage*?

Buies reconnut qu'un frisson parcourut l'échine du *vieux garçon en herbe* qu'il était.

– *Mais, le principal fonctionnaire du mariage, c'est le mari!*

Les quatre autres examinateurs, futurs juges, s'esclaffèrent. *Et je passai avocat, avec droit de porter toge et bonnet carré!*

Si vous êtes le prince, alors je suis son père!

Un ouvrier au prince de Galles

Les princes ont leur personnalité tout autant que les roturiers, et leur statut, on le sait, n'en fait pas des ascètes. Le prince de Galles, futur Édouard VII, ne faisait pas exception à la règle.

Il vint à Montréal en 1860 pour l'inauguration du pont Victoria, première structure ferroviaire à franchir le Saint-Laurent. *Albert-Édouard*, écrivait l'humoriste Stephen Leacock, *était absolument disponible: présence à tout événement, ouverture de n'importe quoi, inauguration de ce que l'on voulait, revue de soldats le jour et de jolies filles le soir, toujours prêt à prier et à se faire prier*.

Le 25 août, le prince posait le dernier rivet et cimentait la pierre commémorative du pont, *le plus grand exploit du génie au monde*, qui avait coûté six millions et demi de dollars. Pendant son séjour, il ouvrit officiellement le nouveau Palais de cristal, à l'angle des rues Sainte-Catherine et Victoria, conçu pour la tenue d'une exposition commerciale permanente. Il assista au service dominical en la toute nouvelle *Christ Church Cathedral* et passa en revue la milice de Montréal, — seize cents hommes en tout, — à la ferme Logan, devenue le parc Lafontaine.

On avait prévu des moments de détente. Ainsi, le prince participa, en face de Lachine, à un défilé de canots maniés par les Indiens tout emplumés de Kahnawaké. Mais ce qu'il aimait pardessus tout, c'était se promener incognito dans les rues et causer à bâtons rompus avec les citoyens.

Il affectionnait particulièrement la fréquentation des tavernes. Un soir qu'il causait avec un ouvrier qui se rafraîchissait après une dure journée de travail, il décida de se présenter pour voir la réaction de son interlocuteur. Celui-ci n'était pas naïf... au point de le croire. *Si vous êtes le prince*, rétorqua-t-il, *alors, je suis son père!*

Or, il paraît que le lendemain, Albert-Édouard, tandis qu'il passait dans un défilé officiel, aperçut son *ami* de la veille et le salua d'un retentissant *Bonjour, papa!*

Le séjour du prince à Montréal se termina par deux grands événements qui se déroulèrent dans une salle spécialement construite pour l'occasion. Ce fut tout d'abord une cantate pour quatre cents voix, présentée par la Société de l'Oratorio de Montréal; Emma Lajeunesse, alors âgée de douze ans, la future *Albani*, s'y fit remarquer comme soliste; le prince devait la revoir quelques jours plus tard, chez les dames du Sacré-Coeur, au Sault-au-Récollet, où elle étudiait. Huit mille personnes assistèrent à ce concert unique. Puis, il y eut grand bal, où le prince dansa valses, polkas, mazurkas, quadrilles et galops jusqu'à cinq heures du matin. À dix-neuf ans, on ne manque pas de résistance!

Le succès de l'accueil fut tel que les Orangistes de Toronto s'émurent de la sympathie que le prince témoignait aux Montréalais: ils le brûlèrent en effigie!

Tu as de la barbe, toi, vas à l'autre table!

Papineau, au chat de la famille

Louis-Joseph Papineau, le futur grand tribun, n'avait pas encore six ans lorsque son père, Joseph, fut élu député pour la première fois. C'est en effet le 10 juillet 1792 que les électeurs du comté de Montréal lui confièrent le mandat de les représenter au sein de la première Chambre d'assemblée à siéger après l'avènement du gouvernement constitutionnel. Louis-Joseph était né le 7 octobre 1786.

D'ordinaire, le garçonnet mangeait à la table familiale, mais quand on recevait de la visite, on le faisait s'asseoir à celle des enfants.

Nul doute que le père, compte tenu de sa clientèle, — il était un arpenteur fort recherché, — et de ses activités politiques, accueillait assez souvent des convives.

L.-O. David, qui fut journaliste, député puis sénateur, rapporte à ce sujet une anecdote amusante. Ce mot d'enfant, dit-il, Joseph Papineau aimait le raconter à qui voulait l'entendre.

Un jour, il y avait un grand dîner chez ce dernier. Bien que connaissant les habitudes du foyer, croyant peut-être passer inaperçu, le petit Louis-Joseph s'installa à la table principale, en catimini. Mais il avait compté sans l'esprit d'observation de son père, qui le renvoya en lui disant d'attendre qu'il lui poussât de la barbe pour se joindre aux adultes.

Louis-Joseph alla, en maugréant, prendre place à la table des enfants. Pendant le repas, le chat de la maison vint quêter quelque bouchée. Louis-Joseph le repoussa à haute voix: *Tu as de la barbe, toi, vas à l'autre table!*

IMPERTINENCE

Ô roi, tu n'as que mes restes!

Le comte de Frontenac, au sujet de la Montespan

Lors de sa nomination au gouvernement de la Nouvelle-France, le comte de Frontenac avait déjà derrière lui une carrière militaire bien remplie, mais quand il n'était pas sous les drapeaux, il butinait à la cour, ce qui lui valut la réputation d'un coureur de jupons. En 1648, il épousa Anne de La Grange Trianon, fille d'un maître des requêtes fortuné, mais l'union avait été scellée en catimini, et celui-ci déshérita son enfant. Sans doute Anne avait-elle succombé aux charmes mâles du militaire, et lui, à la rare beauté physique de celle qu'on a appelée fort justement la *Divine*.

Un tel mariage était voué à l'échec, et si Frontenac n'avait été le filleul de Louis XIII, peut-être le Roi-Soleil l'aurait-il fait rouer pour l'avoir chansonné plutôt que de l'expédier dans la lointaine colonie.

Car, Frontenac ne butinait pas aux bas étages: il avait aligné nulle autre que la favorite du roi dans son collimateur! Mme de Montespan venait d'atteindre le faîte de la faveur royale. Flatté par une telle conquête, Frontenac ne sut pas l'entourer de discrétion. Au contraire, il s'amusa à rédiger quelques couplets sur cette affaire, dont l'un ne manquait pas d'impertinence:

Je suis ravi que le Roi, notre Sire,
Aime la Montespan!
Moi, Frontenac, je m'en crève de rire
Sachant ce qui lui pend!
Et je dirai sans être des plus bestes:
Tu n'as que mes restes,
Ô Roi!
Tu n'as que mes restes!

La duchesse de Montpensier, dite la *Grande Mademoiselle*, rapporte un épisode de ces amours dangereuses dans ses *Mémoires*. Un jour, dit-elle, Frontenac avait glissé dans son pourpoint une lettre destinée à la Montespan, mais il la laissa tomber en retirant son mouchoir et un courtisan mit aussitôt le pied dessus, s'en emparant quelques instants plus tard. Le document se retrouva vite entre les mains royales, et Louis XIV eut ainsi la confirmation que Frontenac chassait dans ses réserves avec l'impudence d'un braconnier.

La famille Buade de Frontanac vivait à l'ombre des rois. Antoine, le grand-père du futur gouverneur, avait été un intime d'Henri IV: enfants, ils avait tué ensemble leur premier sanglier, dans la forêt de Saint-Germain-en-Laye. Sous Louis XIII, Henri de Buade, colonel au régiment de Navarre, fils d'Antoine, fut tué au combat: il ne vit donc pas son propre fils, Louis et, comme il fut gouverneur des châteaux de Saint-Germain, le roi voulut porter le bébé sur les fonts bastismaux et lui donner son nom.

Et c'est probablement à cause de tous ces facteurs que Louis de Buade, comte de Palluau et de Frontenac, fut nommé gouverneur de la Nouvelle-France, loin des *terres* royales où il avait tendu ses pièges!

INCOMPATIBILITÉ

Il semble que Français et Canadiens sont de nations différentes, ennemies même!

Bougainville

La plus complète incompatibilité creusait un fossé entre le gouverneur de la Nouvelle-France et le commandant en chef des troupes. L'antipathie presque viscérale entre les régiments venus d'Europe et les miliciens recrutés dans la colonie était la source d'une profonde inimitié. Même après la glorieuse victoire de Carillon, Vaudreuil, confortablement installé dans ses salons, écrivait au ministre de la Guerre que les Canadiens et les *sauvages* avaient fait preuve de la même ardeur et du même zèle que les soldats réguliers; pour sa part, Montcalm exprimait l'avis que ceux-ci ne partageaient la gloire de l'action avec personne. Et puis, Vaudreuil reprochait ouvertement à Montcalm de ne pas avoir poursuivi les Anglais en déroute pour tirer un meilleur parti de la victoire.

Bougainville résume la situation en une phrase dans une lettre destinée à son frère: *Il semble que nous soyons d'une nation différente, ennemie même.*

Montcalm ne se leurrait pas. Il était d'avis que seule une paix toute prochaine pourrait sauver la colonie. *Qui écrira le contraire de ce que j'avance trompera le roi*, assurait-il au ministre de la Guerre. Et pendant ce temps, il voyait la concussion érigée en système: Bigot et ses satellites s'enrichissaient au vu et au su du gouverneur!

La situation était si tendue que même Mme de Vaudreuil voulut mettre un jour son grain de sel dans les questions de stratégie. Montcalm fut cinglant: *Madame*, lui dit-il, *sans sortir du respect qui vous est dû, permettez que j'aie l'honneur de vous dire que si madame de Montcalm était ici et qu'elle nous entendît parler guerre avec M. le marquis de Vaudreuil, elle garderait le silence!*

La situation se replâtra de façon officielle, mais toute... superficielle : courtoisie de commande. Au moment où se préparait la campagne de 1759, Vaudreuil ne croyait pas que l'ennemi viendrait attaquer Québec. Montcalm craignait tant le contraire qu'il inspecta personnellement toute la côte, depuis Québec jusqu'à Beauport, et remit au gouverneur un mémoire portant sur les mesures à prendre pour prévenir quelque débarquement ennemi.

Le dénouement approchait. *Je suis déterminé*, promettait Vaudreuil, *à ne consentir à aucune capitulation*. Le 13 septembre 1759, Montcalm rentre à Québec, mortellement atteint : c'est la défaite des Plaines d'Abraham. Le gouverneur lui écrit : *Je ne puis assez vous réitérer combien je suis vivement peiné de vos blessures ; je me flatte que vous en guérirez dans peu. Vous êtes bien convaincu que personne n'y prend plus d'intérêt que moi pour l'attachement que je vous ai voué de tous les temps*.

Au milieu du concert de regrets qui s'éleva quand le marquis mourut, une seule voix discordante : Vaudreuil écrit au ministre de la Marine. Sa lettre est d'une inqualifiable méchanceté. Il y piétinait les restes de Montcalm. *Je suis au désespoir*, monseigneur, *d'être dans la nécessité de vous faire un tel portrait, mais la perte de Québec m'est trop sensible pour vous en cacher la cause*. Miel et fiel !

INDÉPENDANCE

Vive le Québec... libre!

Le général de Gaulle

Peut-on citer, dans l'histoire du Québec, un mot qui puisse davantage être qualifié d'*historique*? dont on soit plus sûr qu'il ait été véritablement prononcé? qui, des deux côtés de l'Atlantique, ait instantanément soulevé autant de passion et de... passions?

Parce qu'à peine plus de vingt ans nous séparent de cette étape privilégiée de nos retrouvailles avec la mère patrie culturelle, point n'est besoin d'évoquer le décor de cette *scène du balcon* où le séducteur était là-haut et son amante à ses pieds, rue Notre-Dame, une amante d'autant plus sensible et vibrante qu'elle attendait ce renouement depuis quelques générations. En fait, depuis la visite de *la Capricieuse*, il y avait cent douze ans!

Il fallait bien s'y attendre: dans cette musique douce à tant d'oreilles québécoises et françaises, il y eut tout un éventail d'analyses, depuis l'enthousiasme jusqu'à l'amertume, en passant par le froid jugement.

Deux cents ans après l'abandon à l'Angleterre de quelques arpents de neige, *le général de Gaulle va reconquérir le cœur des Canadiens français* (*Carrefour*, Paris, 19.07.67).

C'est nous qui avons besoin de la France. N'ayons pas peur de le dire. De Gaulle ne le dira pas, mais il le sait. Il y a longtemps qu'il le sait et qu'il le prouve avec une discrète efficacité (René Lévesque, *Dimanche Matin*, Montréal, 23.07.67).

De Gaulle a été plébiscité (Guy Cormier, *La Presse*, Montréal, 25.07.67).

Une faute et un scandale! (*Combat*, Paris, 27.07.67).

Johnson et la visite au Québec du grand monsieur français: nos gens sauront qu'il peuvent vivre en français au Canada (*Le Droit*, Ottawa, 22.07.67).

Enthousiasme exceptionnel de Québec, qui a saisi cette occasion de manifester son attachement à la France (*Le Figaro*, Paris, 24.07.67).

Il a déjà donné beaucoup au monde occidental ne serait-ce qu'en ressuscitant la France et en lui faisant voir sa mission propre, qui en est une de paix et de service au monde. Il nous associe à cette mission. C'est généreux de sa part. C'est énorme pour nous. C'est nous donner une vie nouvelle (Lucien Langlois, *Montréal Matin*, 25.07.67).

Une réception royale pour un souverain républicain (*Le Monde*, Paris, 25.07.67).

Students of the Word *will have a field day. Everyone knows what General de Gaulle said; we doubt if many, including the general, knew what he meant* (*The Montreal Star*, Montréal, 25.07.67).

Charles de Gaulle, MERCI! (Roger Nadeau, *Le Petit Journal*, Montréal, 23.07.67).

La reconnaissance tient parfois en un seul mot.

L'indépendance des peuples indigne les apôtres du déclin.

Le général de Gaulle

Rentré directement à Paris, sans passer par Ottawa, après son retentissant *Vive le Québec libre!* le président de la République française exposa au Conseil des ministres, le 31 juillet (1967), les impressions qu'il avait rapportées et les conclusions qu'il avait tirées de son voyage au Québec. Le tout fut résumé dans une déclaration officielle.

Le général avait noté l'immense ferveur qui s'était manifestée sur son passage, de même que la conviction unanime des *Français canadiens qu'après le siècle d'oppression qui suivit pour eux la conquête anglaise, un second siècle écoulé sous le système défini par l'acte de l'Amérique du Nord britannique de 1867 ne leur avait pas assuré, dans leur propre pays, la liberté, l'égalité et la fraternité.*

Toujours selon la même déclaration, le général avait *recueilli de toute part l'appel ardent adressé à la France pour que, après deux cents ans d'éloignement physique et moral, elle organise et étende de plus en plus ses liens avec le peuple français du Canada.*

Enfin, poursuivait le communiqué, *prenant acte de cette vague indescriptible d'émotions et de résolutions, le général de Gaulle a marqué sans équivoque aux Canadiens français et à leur gouvernement que la France entendait les aider à atteindre les buts libérateurs qu'eux-mêmes se sont fixés.*

Pour employer une expression juridique fort usitée en France, on pourrait dire que le général... persistait et signait!

Quant à son retour direct, la déclaration expliquait que le gouvernement fédéral canadien ayant qualifié d'*inacceptable* le souhait que le Québec fût libre, tel que l'avait exprimé le général, un crochet par Ottawa devenait *évidemment impossible*.

Au même moment, le chef d'État s'adressait à la nation au moyen de la télévision et de la radio. L'unanime et indescriptible volonté d'affranchissement des Canadiens français, dit-il en substance, se rattache à une réalité politique essentielle, celle de l'indépendance des peuples, du droit de chaque peuple à disposer de lui-même suivant sa vocation. Mais, ajouta-t-il, *l'indépendance des peuples indigne les apôtres du déclin, les partisans de l'école du renoncement national, les passionnés de l'abaissement*. C'est dans un vaste tour d'horizon de la politique étrangère qu'il prononça ces mots, hissant ainsi l'avenir du Québec au rang des problèmes de stature internationale.

Bien sûr, les propos du général ne firent l'unanimité ni de ce côté-ci ni de l'autre de l'Atlantique.

Aller au fond des choses, commenta M. François Mitterrand, *conduit à mesurer honnêtement la portée de la politique que l'on préconise. C'est pourquoi il convient de se demander si les Canadiens français seront mieux armés pour défendre leurs traditions, leur langue, leur avenir culturel, économique et politique par la création d'un État indépendant plutôt que par l'accroissement de leur influence et la reconnaissance de leurs droits au sein de l'État du Canada. Ceci est leur affaire.*

INDISCIPLINE

Le peuple de ce pays n'est pas trop docile ni bien facile à gouverner.

Le gouverneur Denonville

Pierre-François-Xavier Charlevoix est un historien dont les opinions ont souvent la qualité de témoignages. Auteur de plusieurs ouvrages, son *Histoire et description générale de la Nouvelle-France*, éditée à Paris en 1744, faisait suite à deux séjours en Amérique : il enseigna à Québec de 1705 à 1708, puis, de l'été de 1720 à l'automne de 1722, il parcourut la région des Grands Lacs et descendit jusqu'en Louisiane, chargé de faire enquête sur la prétendue existence de la mer de l'Ouest qui, soupçonnait-on déjà, séparait l'Amérique de l'Orient.

Charlevoix connut donc plusieurs des frères Le Moyne et eut le temps d'observer les Canadiens. Sans doute s'étonnait-il de leur endurance et de leur témérité. Les Le Moyne et leurs concitoyens, par exemple, n'hésitaient pas, en plein hiver, à partir de Montréal pour la baie d'Hudson chaussés de raquettes, remorquant armes et munitions nécessaires à la capture des forts anglais !

C'était également sur la neige qu'en janvier 1690, trois corps expéditionnaires partaient de Montréal, des Trois-Rivières et de Québec, à l'instigation du gouverneur de Frontenac, pour détruire autant de postes de la Nouvelle-Angleterre.

Les Canadiens n'étaient pas très souples. Denonville, le gouverneur, écrit qu'ils *sont tous grands, bien faits et bien plantés sur leurs jambes, accoutumez dans les nécessitez à vivre de peu, mais fort volontaires et légers*. Il doit reconnaître que *le peuple de ce pays n'est pas trop docile ni bien facile à gouverner*. On comprend facilement que la grande liberté dont jouissaient les premiers Français nés dans la colonie n'était pas susceptible d'en faire des êtres disciplinés.

L'intendant Hocquart remarquait qu'ils *aiment les distinctions et les caresses, se piquent de bravoure et sont extrêmement sensibles au mépris et aux moindres punitions*. Plus tard, notamment pendant la guerre de Sept Ans, il se creusa un fossé entre les Canadiens et les troupes régulières venues de France. Une telle incompatibilité ne nous était pas exclusive : on la constatait également dans les colonies anglaises entre gens du cru et bureaucrates venus de la métropole.

Mais si on savait les commander, les Canadiens étaient presque capables de tout dans les expéditions. *Quand ils sont bien menés*, écrivait Charlevoix, *il n'est rien dont ils ne viennent à bout, soit sur Mer, soit sur Terre, mais il faut pour cela qu'il ayent une grande idée de leur Commandant*. Et l'historien d'ajouter : *Feu M. d'Iberville, qui avoit toutes les qualités de sa nation, sans en avoir les défauts, les auroit menés au bout du Monde*.

Si les Canadiens étaient *accoutumez dans les nécessitez à vivre de peu*, ils ne jeûnaient pas quand les circonstances le permettaient. Ainsi, en 1697, lors d'un hivernage des frères Le Moyne et de leurs quatre-vingts hommes, à la baie d'Hudson, il se consomma 90 000 perdrix et 25 000 lièvres !

C'était mieux que la poule au pot du roi Henri IV !

INFAMIE

Les peuples savent que l'Angleterre vient de commettre une infamie de plus.

Léon Ledieu

Rarement question nationale a-t-elle soulevé plus de passion que ce qu'on a justement appelé le *drame de Regina*. Maintenant qu'un siècle a passé et que les autochtones voient leurs droits de plus en plus reconnus, comment ne pas comprendre que les Métis aient réagi une première fois, en 1869, quand ils virent les arpenteurs cadastrer des terres qu'ils considéraient comme les leurs et que le gouvernement venait d'acheter de la Compagnie de la Baie d'Hudson? En 1885, l'histoire se répète en Saskatchewan, et les Métis envoient chercher leur ancien chef, Louis Riel, qui enseigne paisiblement au Montana depuis seize ans. À Batoche, la petite armée du général Middleton écrase les insurgés et capture Riel. Middleton recevra ses *trente deniers*: on lui verse une récompense de vingt mille dollars et il est fait chevalier. Il se retrouvera plus tard à la Tour de Londres: pourrait-on trouver plus fidèle sujet pour garder les joyaux de la Couronne?

Au petit jour, le 16 novembre (1885), à Regina, Louis Riel quitte sa cellule pour monter à l'échafaud. Au shérif Chapleau, le propre frère du secrétaire d'État Joseph-Adolphe Chapleau, qui lui demande ce qu'il souhaite que l'on fasse de ses biens après sa mort, le condamné répond: *Je n'ai pour tout bien que ceci*, en portant la main à son cœur, *et ceci, je l'ai donné à mon pays*.

Quand la trappe s'ouvre, un seul mot sort de ses lèvres: *Jésus...*

Dans *le Monde Illustré* du 21 novembre, l'éditorialiste Léon Ledieu résume les sentiments de la plupart des francophones, dont toutes les pétitions réclamant une commutation de peine sont demeurées lettre morte.

Ils l'ont pendu ! Jusqu'au dernier moment, on a espéré, et quand l'aube du jour fatal s'est levée rose et pure comme les autres matins, des millions d'honnêtes et braves gens, en voyant le ciel clair s'allumer des feux qui chassaient les ombres de la nuit, se sont dit en levant les yeux : Dieu de justice et de bonté, permettrez-vous que cette victime soit immolée pour satisfaire la rage de ses ennemis ? Les peuples de la terre vont-ils apprendre qu'une nation vient de mentir à ses traditions et de s'avilir aux yeux de tous ? Ce soleil d'or qui vient nous apporter la vie en même temps que le réveil sera-t-il le signal de la mort d'un homme dont le seul tort fut d'avoir lutté contre l'oppression ? *Hélas ! Dieu, qui réserve sans doute un terrible châtiment aux bourreaux, a permis que cela fût. Les peuples savent que l'Angleterre vient de commettre une infamie de plus. Le globe de feu a éclairé l'exécution de Riel. Ils l'ont pendu !*

En 1969 lors du dévoilement de la statue de Riel dans les jardins de la législature de la Saskatchewan, Pierre Elliott Trudeau disait: *À la longue, on juge une démocratie par la façon dont la majorité traite la minorité. La bataille de Louis Riel n'est pas encore gagnée. Ceux qui partagent sa soif de la justice doivent garder sa mémoire dans leur esprit et dans leur cœur.* Jusqu'à maintenant, les tentatives de réhabilitation de Louis Riel sont demeurés vaines. Une question de temps.

INTRANSIGEANCE

Périsse la patrie plutôt qu'un principe!

Louis-Joseph Papineau

Nous sommes en 1849. L'Acte d'Union a été adopté voilà plus de huit ans déjà et les deux Canadas cohabitent à la façon d'un couple irréconciliable. En janvier s'ouvre une session qui passera à l'histoire comme la plus mémorable de ce nouveau régime. Il s'y livrera des duels oratoires qui non seulement enflammeront les partis en présence, mais conduiront jusqu'à l'incendie de l'édifice du parlement, à Montréal.

Le gouverneur général, lord Elgin, prononça le discours inaugural en français, ce qui causa une profonde sensation: Londres venait de rappeler la mesure vexatoire qui interdisait l'usage de cette langue dans la Chambre. Louis-Hippolyte Lafontaine et

Robert Baldwin formaient le gouvernement bicéphale de la *province du Canada*.

Lafontaine, que Colborne, le *Vieux-Brûlot*, avait fait jeter en prison, en 1838, à cause de la sympathie qu'il avait démontrée à l'égard des Patriotes, et qui se trouvait maintenant au timon des affaires, se réjouissait de ce que la reine venait d'exercer l'une de ses prérogatives en graciant les citoyens contre qui pesaient encore des responsabilités pénales découlant de la Rébellion.

On aurait peut-être pu croire que le soleil de la réconciliation présiderait aux débats. C'eût été sans compter avec l'irréductible député de Saint-Maurice, le fougueux Louis-Joseph Papineau, qui ne badinait pas avec des convictions profondément chevillées. Son éloquence incendiaire n'avait-elle pas allumé la mèche du soulèvement dans Deux-Montagnes et la vallée de la Richelieu? Ne s'était-il pas écrié un jour: *Périsse la patrie plutôt qu'un principe!* C'est en tout cas un mot que Lafontaine ne se privait pas de lui rappeler.

Papineau était l'ennemi juré de l'Union, le champion de la représentation proportionnelle; par ailleurs, il considérait comme inévitable l'annexion à la jeune république des États-Unis.

En 1843, on avait laissé tomber les procès politiques intentés contre certains chefs de file de la Rébellion, dont Papineau, et accordé des lettres de grâce à plusieurs autres exilés. Lafontaine s'était montré un ardent avocat de cette mesure, qui avait permis à Papineau de rentrer au pays. Il ne lui pardonnait pas ce qu'il considérait comme de l'ingratitude à son endroit: *Je ne dirai pas, moi, pour jeter de la poudre aux yeux du pays:* Périsse la patrie plutôt qu'un principe; *je dirai au contraire: Que je périsse, moi, s'il le faut, mais que ma patrie soit sauvée!*

C'est un projet de loi visant à indemniser les citoyens qui avaient essuyé des pertes matérielles lors de la Rébellion qui déclencha l'émeute du 25 avril (1849) au cours de laquelle on incendia l'immeuble du parlement.

Tirez de votre grande âme de pontife une de ces paroles qui amnistient le passé, rassurent le présent et ouvrent les horizons de l'avenir.

Le cardinal Darboy

Résumer en quelques phrases une affaire qui agita la Fille aînée de l'Église tiendrait du prodige, mais comment résister au plaisir d'évoquer le plus gros scoop de la presse canadienne au siècle dernier?

Sous le pontificat de Pie IX, une certaine rigidité marqua les relations entre l'Église de France et le Saint-Siège, la première estimant qu'elle jouissait d'un degré d'indépendance à l'égard du second. Rome jugeait que les archevêques de Paris manquaient de souplesse. En 1863, l'évêque de Nancy accédait à ce siège prestigieux.

Le jeune abbé Georges Darboy avait tout d'abord été considéré comme ultramontain, c'est-à-dire favorable au respect de la position traditionnelle de Rome. L'un des plus ardents protagonistes du pouvoir absolu du pape était Louis Veuillot, directeur du quotidien parisien *l'Univers*. Par suite du Concordat de 1801, la nomination des évêques s'effectuait par décret impérial; c'est ainsi que l'abbé Darboy était devenu évêque de Nancy, puis archevêque de Paris.

Dès le départ, Mgr Darboy prit ses distances à l'égard du Saint-Siège, ne souhaitant pas, disait-il, laisser s'éroder l'autorité qui lui avait été confiée. Son attitude lui valut de paternels conseils, puis de sérieux reproches de la part de Pie IX, mais l'archevêque ne fit que se raidir: *Tirez de votre grande âme de pontife*, suggéra-t-il au pape, *une de ces paroles qui amnistient le passé, rassurent le présent et ouvrent les horizons de l'avenir*.

Le conflit alla s'aggravant, Mgr Darboy accueillant de haut les admonestations papales. *Il serait mieux à sa place ambassadeur à Londres qu'archevêque à Paris*, remarqua un jour Pie IX. Plus tard, l'écrivain Émile Ollivier dira qu'*il tenait plus de Richelieu que de Vincent de Paul*. Chacun reconnaissait cependant que le prélat observait strictement ses devoirs épiscopaux et louait son dévouement.

À la fin de 1866 disparaît le cardinal Gousset, de Reims. Le gouvernement impérial veut que la pourpre cardinalice soit décernée à l'archevêque de Paris. Il n'en fallait pas davantage pour amener au jour une situation dont la connaissance avait été réservée à qui trônait aux premières loges.

En octobre 1865, le pape avait adressé une sévère réprimande à Mgr Darboy. En certains milieux, on songea à la rendre publique pour compromettre l'avancement du prélat. Or, c'est dans... *la Minerve*, à Montréal, que, le 18 juillet 1868, sous le titre de: *Document inédit*, parut le bref de Pie IX à son *vénérable frère*. Le journaliste Elzéar Guérin, alors attaché à la rédaction du *Journal de Paris*, était rentré au pays avec des épreuves de ce texte confidentiel qui devait paraître dans ce quotidien, mais qu'on n'avait pas inséré à la suite d'une intervention de Louis Veuillot.

Trois ans plus tard, Mgr Darboy tombait sous les balles des communards. *Sa mort défendait sa vie*, reconnurent même ses plus irréductibles adversaires.

LÉGÈRETÉ

J'ai fait bien des folies, mais toujours en bonne compagnie.

Charles-Louis Tarieu de La Naudière

Les joyeux drilles ont toujours défrayé la chronique. Cette page en fait revivre un qui a tout de même contribué à la réputation de sa famille.

Charles-Louis Tarieu de La Naudière, petit-fils de Madeleine de Verchères, était le frère de cette brave vieille demoiselle qui, en 1855, devait recevoir le commandant de *la Capricieuse*, une anecdote que nous rapportons ailleurs.

Encore adolescent, il participe à la guerre de Sept Ans et subit une blessure à la jambe lors de la bataille de Sainte-Foy, ce qui lui vaut quelques semaines à l'hôpital. Pierre-Georges Roy, qui a retracé l'histoire de la famille, cite deux vieilles tantes de l'officier qui étaient religieuses dans cette institution, les sœurs Saint-Alexis et Sainte-Catherine : *Cet imparfait enfant gâté de La Naudière*, disaient-elles, *nous a donné à lui seul plus de trouble pendant sa maladie que tous les blessés qui encombraient notre hôpital*. C'était un fils de famille représentatif de la jeunesse dorée de son époque.

Après la capitulation, il poursuit sa carrière militaire en France où il ne tarde sans doute pas à se faire des amis bien en cour puisqu'en 1767, il accompagne à Londres le nouvel ambassadeur de France auprès de George III. Dès le printemps suivant, il rentre au Canada où l'attendent des biens de famille et où son père, revenu cinq ans plus tôt, a établi de bons rapports avec la nouvelle administration.

Le gouverneur Guy Carleton, qui souhaite se rapprocher de la noblesse et du clergé pour mieux exercer son mandat, veut s'attacher les services de cet officier dégourdi, sympathique, spirituel, souple et... parfait bilingue. Il en fait son aide de camp.

On peut croire que cet élégant personnage fut la coqueluche des salons de la belle société et qu'il se montra parfois léger. L'historien Raymond Douville écrit que, dès son retour, il recommença ses fredaines. Son père l'en rescapait inlassablement. *Si je mettais mon fils dans un plateau de la balance et dans l'autre l'or qu'il m'a coûté*, aurait-il dit, *l'or l'emporterait beaucoup, même avant de recevoir sa part légitime*. Ce à quoi le fils, dans l'une des pirouettes qui lui étaient coutumières, rétorqua : *J'ai fait bien des folies, mais toujours en bonne compagnie*. Était-ce l'un des secrets de son avancement ?

Ce diable d'homme ne manquait pas de courage à l'action. Il fit toute la guerre contre l'invasion de la colonie lors de la révolution américaine. En récompense de ses services signalés, il accéda au Conseil législatif. Il avait refusé le titre convoité de baronnet parce que le serment qu'il aurait dû prêter était incompatible avec sa religion.

Peut-être pas si léger que cela, après tout ?

LIBERTÉ

Je vous laisse la devise de la France : Vive la Liberté !

Charles Hindelang

Au nombre des cinq Patriotes que l'on pendit le 15 février 1839, alors que le dernier rideau tomba sur l'insurrection de 1837-1838, se trouvait un jeune Parisien, Charles Hindelang. Il avait l'âge où, épris de liberté, on épouse les causes qui la promettent.

Sa famille, d'origine suisse, s'était établie à Paris. Peut-être séduit par le succès des États-Unis dans leur accession à l'indépendance, il avait choisi de tenter fortune dans la jeune république.

À New York, Hindelang rencontra des Canadiens qui avaient fui leur pays pour éviter l'emprisonnement ; parmi eux figurait Ludger Duvernay, fondateur de *la Minerve* et de la Société Saint-Jean-Baptiste, qui avait déjà passé un mois derrière les barreaux. Cette lutte des *Français d'Amérique* l'enthousiasma et il décida d'épouser la cause.

En novembre 1838, il participait à la bataille d'Odelltown, près de Lacolle, y commandant la droite des Patriotes. Ceux-ci, après une fusillade de cinq heures, se retirèrent, faute de munitions. Hindelang, rapporte-t-on, se conduisit bravement. *En avant*, disait-il à ses hommes, *les balles ne vous feront pas plus mal qu'à moi !*

Avec une quinzaine de survivants, le jeune homme voulut traverser la frontière, mais des sentinelles l'arrêtèrent, et on le conduisit à la prison de Montréal. Condamné à mort le 22 janvier (1839), il devait être pendu le 15 février, soit le même jour que Chevalier de Lorimier, Pierre-Rémi Narbonne, François Nicolas et Amable Daunais.

Le 14 février, les détenus obtinrent la permission de recevoir à souper leurs cinq infortunés compagnons. Ce fut ce que l'on devait plus tard évoquer comme le *repas des Girondins*. Au dessert, Chevalier de Lorimier proposa un toast, et c'est Hindelang qu'on invita à y répondre. Il le fit de façon pathétique. *Je suis presque un étranger pour vous. Nos relations ne datent que de quelques semaines, mais notre attachement n'en est pas moins profond, car nous sommes liés par le même amour de la liberté, et nous sommes les enfants de la même mère, la France.*

Se tournant vers les quatre autres condamnés, il leur dit : *Prenons courage en songeant que nos noms seront gravés en lettres d'or sur l'autel de la liberté. Ô Canada ! puisse au moins notre mort te délivrer de l'esclavage ! C'est le voeu de celui qui demain va mourir pour toi. Un jour viendra où tes fils se souviendront, dans leurs jours de fête, que Charles Hindelang, un étranger, mourut martyr pour eux et victime de la vengeance anglaise.*

Jusqu'à la toute dernière minute, Hindelang demeura stoïque. Avant que la trappe ne cédât sous ses pieds, il s'adressa à la foule : *La cause pour laquelle je meurs est noble et grande. J'en suis fier et ne crains pas de mourir. Canadiens, en vous disant adieu, je vous lègue la devise de la France : Vive la Liberté !*

Les pauvres et les morts ont toujours tort au tribunal des hommes.

Pierre du Calvet

À l'occasion du 200e anniversaire de la mort tragique de Pierre du Calvet, on pouvait lire dans la presse que des historiens se proposaient de le *réhabiliter*. N'aurait-on pas dû plutôt écrire que le moment se présentait de rappeler qu'en fait il signa le premier manifeste prônant la création d'un parlement à Québec? Le personnage périt au large de New York lorsqu'une tempête engloutit le *Shelburne* en route pour l'Angleterre. C'était en mars 1786.

Évidemment, pour les loyalistes, c'était un traître, car il avait fait sienne la cause des treize colonies anglaises qui, à Philadelphie le 4 juillet 1776, avaient proclamé leur indépendance.

Pierre du Calvet était arrivé en Nouvelle-France en 1758. Au lendemain de la Conquête, il s'employa à mettre sur pied une entreprise d'exportation et d'importation. Habile en affaires, la fortune lui sourit. Il se montra si digne de la confiance des autorités britanniques qu'on lui octroya une commission de juge de paix. Il se montra tout aussi efficace dans le domaine de la justice que dans celui du commerce. Et on l'aurait nommé conseiller législatif s'il ne s'était fait d'irréductibles ennemis en dénonçant même certains de ses confrères dans la poursuite de réformes qu'il jugeait justes et équitables. Il avait le sens des communications, allant jusqu'à faire imprimer ses plaidoyers pour diffusion et à recourir aux colonnes de *la Gazette Littéraire et du Commerce*, que dirigeait Fleury Mesplets, pour défendre ses points de vue.

Pierre du Calvet ne cacha pas ses sentiments à l'égard de la cause de l'indépendance proclamée à Philadelphie. Il estimait que les Canadiens devaient la faire leur pour conquérir leur propre liberté. Il fut parmi les notables de Montréal qui accueillirent le général Montgomery lorsqu'il occupa la ville. Il collabora de près avec les émissaires de Benjamin Franklin, qui avaient la mission de mettre en route un processus de démocratisation de l'appareil gouvernemental.

Après le départ des *Américains*, ceux qui avaient sympathisé avec eux de façon militante furent l'objet de la vindicte des autorités. Pierre du Calvet fut jeté en prison et y demeura près de trois ans sans qu'on lui fît de procès. Une fois élargi, il s'embarqua pour l'Angleterre. Il avait naturellement soif de justice et, en 1784, faisait imprimer à Londres son *Appel à la justice de l'État*, manifeste regroupant des lettres adressées au roi, au secrétaire d'État, de même qu'aux Canadiens.

Les pauvres et les morts ont toujours tort au tribunal des hommes, écrit-il au secrétaire d'État. *Les preuves de cette triste vérité sont consignées sur les tombeaux ou dans les cabanes lugubres d'une foule d'infortunés écrasés par la tyrannie du despotisme à Québec, ou qui ne sont plus là pour se plaindre*. Il déclare que les Canadiens *ne seront jamais contents que quand ils seront aussi libres à Québec que les Anglais le sont à Londres*.

LOYALISME

Le dernier coup de canon tiré pour le maintien de la puissance anglaise en Amérique le sera par un bras canadien.

Étienne-Paschal Taché

Quiconque est au fait du long processus politique par lequel les Canadiens de vieille souche conquirent leurs droits auprès des nouveaux maîtres du pays risque de croire, à la lecture de cette citation, qu'Étienne-Paschal Taché ne fut rien de plus qu'un transfuge à l'égard des siens. Pour jauger son intervention, il faut tenir compte de deux facteurs : sa formation militaire et l'attitude de compromis qu'adoptèrent plusieurs hommes politiques à la suite de l'insurrection de 1837-1838.

Lorsqu'éclate le conflit de 1812, alors que la jeune république des États-Unis menace d'envahir le Canada, Taché poursuit ses études au séminaire de Québec. Il s'engage dans la milice. Lieutenant dans les Chasseurs canadiens, il participe à la bataille de Châteauguay. Pendant ses loisirs, dans les casernes, il entreprend l'étude de la médecine. Plus tard, il ira décrocher son diplôme à Philadelphie.

Lorsque survient l'agitation qui conduira à la rébellion, il épouse la cause de Papineau, et c'est lui qui organise à Montmagny la grande assemblée du 29 juin 1837, au cours de laquelle le réputé tribun vient réchauffer, sinon chauffer à blanc le zèle de la population de la région. En janvier 1839, d'ailleurs, les autorités font perquisitionner sa demeure. C'est dire qu'elles le tiennent à l'œil.

Mais Taché estime que le soulèvement a été une grave erreur si l'on croyait conquérir instantanément la liberté politique au moyen de mousquets et de fourches. Pleinement d'accord avec l'objectif, il l'est moins avec les moyens mis en œuvre.

Depuis près de trente ans, il se consacre à la médecine dans sa paroisse natale, Montmagny. Il y a sans le moindre doute gagné l'amitié et la reconnaissance de ses concitoyens lorsqu'en 1841, il choisit d'abandonner la médecine pour la politique. Bien sûr, s'il siège à la Chambre d'assemblée, il ne pourra plus accourir au chevet des malades à toutes les heures du jour.

Le 8 avril 1841, les électeurs du comté de L'Islet l'honorent de la majorité de leurs suffrages. Ils lui renouvelleront cette confiance trois ans plus tard. Il ne vole la vedette à personne. Les orateurs de l'heure, dont Georges-Étienne Cartier, sont les ténors des luttes constitutionnelles. Taché ne cherche pas à briller, mais Thomas Chapais reconnaît que ses interventions sont vigoureuses, et que le député de L'Islet s'emploie à les documenter.

En 1846, un litige ayant trait aux frontières de l'Oregon atteint son point crucial. Quelle sera l'attitude des Canadiens de vieille souche à l'égard de ce nouveau malentendu entre les États-Unis et l'Angleterre? Celui-ci débouchera-t-il sur un conflit armé? Taché, qui a maintenant le grade de lieutenant-colonel, réclame l'organisation d'une milice bas-canadienne. Certains de ses collègues mettent en doute la loyauté de ses compatriotes. Le 24 avril (1846), il s'écrie: *Notre loyauté à nous n'en est pas une de spéculation, nous n'en faisons pas un trafic: le dernier coup de canon tiré pour le maintien de la puissance anglaise en Amérique le sera par un bras canadien.*

Nos cœurs à la France, nos bras à l'Angleterre.

Mlle de La Naudière

Après la cession de la Nouvelle-France à l'Angleterre, plusieurs familles firent contre mauvaise fortune bon cœur. Celle de La Naudière en est une illustration.

Charles-François de La Naudière, premier fils de la célèbre Madeleine de Verchères, avait gravi à peu près tous les échelons de la carrière militaire avec une indéfectible exactitude. Il s'était acquitté de tâches difficiles, exigeant parfois beaucoup de souplesse et d'esprit de conciliation. Il avait été de tous les combats importants de la guerre de Sept Ans: Chouaguen, Fort Henry, Carillon, Plaines d'Abraham et Sainte-Foy. Le 1er janvier 1759, le roit lui avait décerné la croix de Saint-Louis.

Au lendemain de la capitulation, il passa en France, mais revint en 1763, probablement pour y faire fructifier sa fortune, ce qui l'amena à acheter des seigneuries. Il noua d'excellents rapports avec l'administration britannique. Ainsi, lorsque l'Acte de Québec ouvrit auxcatholiques l'accès au Conseil législatif, le gouverneur Guy Carleton l'en fit nommer membre.

Le chevalier de La Naudière décéda en 1776 et ses enfants demeurèrent en contact étroit avec la société anglaise. En 1855, l'une de ses filles, qui avait atteint un âge plus que respectable, recevait la visite du commandant Paul-Henry de Belvèze, qui avait conduit à Québec *la Capricieuse*, premier voilier français à remonter le Saint-Laurent depuis le traité de Paris, un épisode que nous relatons ailleurs dans ces pages.

Sans doute que, comme la plupart des officiers de marine de France, le commandant ne s'était pas habitué à considérer l'Angleterre comme un pays ami. On peut facilement deviner que, dans sa pensée, le fait pour les Canadiens demeurés dans la vallée du Saint-Laurent, puis pour leurs descendants, d'être restés fidèles à l'ancienne mère patrie tout en acceptant de composer avec de nouveaux maîtres constituait en quelque sorte une double allégeance difficile à comprendre.

Ce fut peut-être la raison pour laquelle on lui donna l'occasion de rencontrer une Canadienne d'âge vénérable dont la famille avait servi la France au Canada pendant près d'un siècle, puis l'Angleterre pendant presque aussi longtemps.

Mlle de La Naudière résuma ses explications en une phrase qui devait passer à la postérité : *Nos cœurs à la France, nos bras à l'Angleterre.*

Le commandant devait constater, un peu plus tard, que même les descendants des premiers occupants n'avaient pas oublié l'ancien régime. C'est *la Minerve* qui nous le rapporte : le 31 juillet, le commandant était accueilli à Khanawaké. Le chef de la bourgade et les siens le reçurent comme *représentant de leur* père *d'autrefois, le Roi de France.*

Si nous sommes loyaux à la Grande-Bretagne, notre cœur et notre pensée sont à la France.

Henri Bourassa

Nous avons rappelé plus tôt la participation du jeune professeur Lionel Groulx au premier Congrès de la langue française, tenu à Québec en juin 1912. Les organisateurs attendaient d'un jour à l'autre le retour de France du tribun Henri Bourassa. Il rentra le 25 juin, le lendemain de l'ouverture. À la même heure, on dévoilait à Québec la statue de Mercier ; à la même heure, rappelle Robert Rumilly, sur le bateau du lac Saint-Jean, Samuel Bédard engageait un jeune Français pour l'aider à entrer la récolte : Louis Hémon.

Bourassa monta à la tribune trois jours plus tard. On lui avait proposé pour sujet : *La langue française et l'avenir de notre race.* Dès les premiers mots, il déclara qu'il n'avait nulle prétention au don de prophétie, et que, pour tenter de dégager les promesses de l'avenir, il ne pouvait que s'appuyer sur les enseignements du passé et les leçons du présent.

Son premier souci fut d'expliquer que l'histoire et la constitution du Canada consacraient l'égalité des deux races et des deux langues fondamentales, et que la pérennité de la langue française dépendait de son perfectionnement en l'alimentant à ses sources naturelles: en France.

Mais beaucoup d'esprits intolérants y voyaient une menace. *On nous objecte*, dit-il, *qu'il y a là un danger religieux et moral, à raison du caractère pernicieux d'une partie de la littérature française contemporaine, et un péril d'ordre national, parce que cette culture française, ce recours aux sources intellectuelles françaises, risquent de compromettre l'unité canadienne et notre loyalisme envers la métropole.*

Sur le premier point, continua-t-il, *je réponds qu'à vouloir couper les ponts avec la France nous risquerions de laisser périr notre langue, et que, notre langue perdue, c'en serait fait pour beaucoup de notre foi catholique. Je réponds encore que s'il existe dans la littérature française beaucoup de livres empoisonnés, le contrepoison s'y trouve à flots.*

Et Bourassa d'ajouter: *Si le français a ses défauts, l'anglais reste la langue du protestantisme, du rationalisme et du matérialisme vécu, c'est l'idiome par quoi se répand surtout le culte du veau d'or.*

Parmi les délégués venus de France figurait, outre l'académicien Étienne Lamy, l'abbé Thellier de Poncheville, conférencier recherché, peut-être à cause de son approche mondaine des problèmes de l'heure; la belle société buvait l'élégance de ses enseignements.

Le 8 juillet (1912), l'abbé Thellier de Poncheville s'adressait aux Montréalais dans la salle du Monument national, sous la présidence de Bourassa. Celui-ci en profita pour résumer sa pensée: *Si nous sommes loyaux à la Grande-Bretagne, notre cœur et notre pensée sont à la France.*

LYRISME

Les Voltigeurs ont de leur sang inscrit auprès des Thermopyles le nom rival de Châteauguay.

Louis Fréchette

Un parc historique sis sur les bords de la rivière Châteauguay permet maintenant de fouler l'emplacement où se déroula la célèbre bataille du 26 octobre 1813, durant laquelle les *Voltigeurs* canadiens mirent en déroute, à un contre cinq, l'armée du général William Hampton. Même si l'on a déjà écrit que ce combat en fut un *d'opéra comique*, il n'en reste pas moins que ce bataillon se couvrit de gloire.

Napoléon Ier lui-même, dit-on, redonna vie aux unités de soldats d'élite ainsi désignées ; elles étaient extrêmement mobiles et, de ce fait, pouvaient se porter rapidement aux divers points d'un front pour s'y acquitter d'opérations ponctuelles. Chacun de ses régiments avait une compagnie de voltigeurs à sa disposition.

Si le Canada eut ses *Voltigeurs*, ce fut probablement parce que leur commandant, le lieutenant-colonel Charles-Michel d'Irumberry de Salaberry, avait eu l'occasion, alors qu'il servait dans les forces britanniques, de jauger la valeur de tels soldats.

L'année 1812 voit se former le bataillon des *Voltigeurs* canadiens. Déjà, lors de la guerre de l'Indépendance américaine, les Canadiens ont refusé d'épouser la cause des rebelles. Lorsqu'en juin 1812, le président Madison déclare la guerre à George III, le Canada, demeuré colonie britannique, est entraîné dans le conflit.

Le 20 septembre 1813, le général Hampton franchit la frontière à la tête de plus de cinq mille soldats réguliers et miliciens. D'importants abattis barrent la route qu'il entend suivre vers Montréal, entre Odelltown et L'Acadie. Il choisit un autre itinéraire qui, espère-t-il, lui permettra de franchir la rivière Châteauguay.

Le lieutenant-colonel de Salaberry dispose, pour le repousser, de ses 300 *Voltigeurs*, de 600 réservistes et de 200 Indiens.

Visiblement, les Américains ne connaissent même pas les balbutiements de la stratégie. C'est en vain qu'ils veulent forcer le gué de la rivière par où ils espèrent déboucher sur Montréal. Repoussés, ils font porter leurs efforts vers le centre du front : Salaberry l'a prévu et y a posté ses *Voltigeurs*. Une pluie de balles s'abat sur l'ennemi quand il se présente dans les abattis. Debout sur une souche, le commandant dirige ses soldats d'élite, sabre en main. Les Américains vacillent ; les hurlements des Indiens ont raison de leur courage, accentuant la débandade. Ils tournent les talons dans le plus grand désordre. Les *Voltigeurs* restent maîtres de la place. Il faut dire que Salaberry, astucieux, a posté dans les bois des hommes armés de cors et de trompettes, ce qui donne à l'ennemi l'impression de faire face à des effectifs beaucoup plus importants qu'ils ne le sont en réalité.

Certains écriront que le Canada venait d'acquérir son *Léonidas*. Louis Fréchette, dans un poème consacré aux *Voltigeurs*, donne libre cours à son lyrisme : ils vont de leur sang *inscrire auprès des Thermopyles le nom rival de Châteauguay*.

Sur ce palmier qui te balance, dors, tendre fruit de mon amour.

Victor Hugo

En matière d'appréciation, la vérité se situe souvent vers le juste milieu entre les extrêmes. On a beaucoup reproché à Voltaire d'avoir fait croire à plusieurs que le Canada n'était qu'un immense désert de glace. Victor Hugo, lui, se le représentait sans doute comme un éden presque tropical. Le poète, c'est bien connu, jouit de licences que se refusent les prosateurs.

En 1819, *le Lycée français* ouvrait ses pages à une élégie que Hugo avait vraisemblablement écrite à l'occasion des Jeux floraux présentés à Toulouse cette année-là. Il y chantait les charmes de la Canadienne, mais dans un décor pour le moins exotique :

Sur ce palmier qui te balance,
Dors, tendre fruit de mon amour:
Mes bras, quelques instants, ont porté ton enfance,
Ce fragile palmier te soutient à son tour.

Des palmiers, on en trouve bien dans le sud de la France, mais ils sont plutôt rares chez nous, hors des serres. Le chanoine Émile Chartier, qui a commenté cette pièce littéraire dans le *Bulletin des recherches historiques*, signale qu'elle fut réimprimée par la suite, notamment en 1825, dans les *Annales romantiques* et dix-neuf ans plus tard dans *le Ménestrel*, un hebdomadaire fondé à Québec en 1844 par Marc-Aurèle Plamondon dans le but de promouvoir l'éducation populaire par la littérature. Elle fut aussi insérée dans le *Victor Hugo raconté*.

Mais au fait, peut-être, dans l'esprit du poète, sa Canadienne en était-elle une *des Îles*? Plusieurs militaires et fonctionnaires de la Nouvelle-France poursuivirent une carrière aux Antilles...

MANSUÉTUDE

Oubliez-moi, mais n'oubliez pas mes pauvres.

Mgr de Saint-Vallier

Nous évoquons ailleurs toutes les difficultés que le deuxième évêque de la Nouvelle-France, Mgr de Saint-Vallier, éprouva à Québec quand il voulut asseoir son autorité sur le siège épiscopal. Louis XIV alla jusqu'à lui demander sa démission, ce qu'il refusa. Lorsque le prélat mourut, dans la nuit du 26 décembre 1727, il devait bien involontairement être la source d'une nouvelle controverse, et de taille!

À ce moment-là, Charles de Beauharnois était gouverneur de la colonie et Claude-Thomas Dupuy, intendant. L'évêque avait désigné ce dernier comme exécuteur testamentaire et émis le voeu, dans ses dernières volontés, d'être inhumé dans la chapelle de l'Hôpital général, sa fondation. *Il y avait fait construire une chapelle sépulcrale et y avait creusé son tombeau, sur lequel il avait la piété d'aller tous les jours prier pendant deux heures*, soulignait l'intendant.

C'est dans cet hôpital qu'il décéda, disant aux religieuses: *Oubliez-moi, mais n'oubliez pas mes pauvres*. Il n'allait pas si tôt disparaître de la mémoire collective. Dès le décès, Dupuy fit apposer les scellés sur les effets du défunt, remit au chapitre les sceaux officiels du diocèse et prit des dispositions pour que la dépouille fût exposée en chapelle ardente à l'hôpital.

Les chanoines élisent le curé de la ville, Étienne Boullard, comme vicaire capitulaire, mais l'archidiacre Chartier de Lobtinière prétend que cet honneur lui revient. On porte le malentendu à la connaissance de l'intendant.

Celui-ci, le 2 janvier, veille du jour fixé pour les funérailles, apprenant que les chanoines ont décidé que le prélat serait inhumé dans la cathédrale, contrairement au désir clairement exprimé dans son testament, se transporte à l'Hôpital général, en compagnie de l'archidiacre, du lieutenant général de la Prévôté et du procureur du roi, ordonne à la supérieure de verrouiller les portes, fait déposer les restes dans un double cercueil et procéder à l'enterrement. Auparavant, un jésuite et deux récollets ont récité les prières prescrites. Il paraît qu'au même moment, les chanoines chantaient l'office des défunts à la cathédrale! L'intendant avait lui-même entonné le libera, à l'Hôpital général.

On conçoit qu'un tel événement suscita beaucoup de retentissement dans la colonie. Il en résulta des démêlés qui défrayèrent la chronique pendant de nombreux mois. Le clergé se divisa et les ouailles ne surent plus qui détenait l'autorité. Un fossé profond séparait le gouverneur et l'intendant. Avec la connivence du premier et malgré l'interdiction du second, l'un des chanoines partit pour la France... via la Nouvelle-Angleterre. Il devait résulter de tout cela le rappel de Dupuy.

Dans un mémoire qu'il rédigea pour expliquer sa conduite, Dupuy expliqua que son devoir en qualité d'exécuteur testamentaire était de faire respecter les dernières volontés du défunt et dénonça l'*odieuse imposture* des chanoines selon laquelle il avait fait inhumer l'évêque par les enfants du bourreau, *comme si l'intendant l'avait pris lui-même par les cheveux pour le traîner en sa fosse*.

MÉPRIS

Vous sentez l'anglais !

Un mourant, à son curé loyaliste

La propagande n'est pas née d'hier. Lorsqu'en 1774, l'Acte de Québec fut promulgué, il ne résultait pas que de la bienveillance de Londres. Des signes avant-coureurs permettaient de craindre des troubles sérieux dans les autres colonies anglaises de l'Amérique du Nord. Si cette fièvre gagnait le Canada, tout espoir de garder celui-ci dans le giron des possessions britanniques était perdu. La nouvelle loi assurait aux catholiques le libre exercice de leur religion, les dispensait du serment du test et rétablissait l'usage des lois civiles françaises.

Londres avait vu juste. Davantage que les anglophones du pays, qui entreprirent des démarches dans le but d'amener le rappel de cette législation qui, selon eux, allait les réduire *à la triste nécessité de vivre comme des esclaves !* Peu après la promulgation de la loi, en effet, les porte-parole des colonies anglaises situées au sud du Canada, réunis à Philadelphie, adoptaient le contenu d'un message destiné aux Canadiens. C'était, en réalité, un manifeste annonçant qu'ils avaient pris la décision de se soulever pour protester contre l'administration arbitraire de la métropole et, surtout, contre les impôts qui les écrasaient.

On espérait, à Philadelphie, gagner l'adhésion des Canadiens, et le manifeste fut largement répandu. Il ne manqua pas de Canadiens pour appuyer cette invitation à la sédition. Dans son numéro du 12 octobre 1775, *la Gazette de Québec* plaçait d'office dans la bouche de Sa Majesté britannique un blâme sévère à leur endroit: *Parce que je vous ai assuré l'entier exercice de votre Religion, vous avez livré mes loïaux sujets entre les mains de mes ennemis ; parce que je vous ai accordé vos anciennes loix municipales, comme vous devant être plus agréables, vous avez pris les armes contre moi, et vous m'avez trahi !* À ce moment-là, l'invasion avait débuté et Montréal grouillait d'espions.

De façon générale, le clergé demeura fidèle à l'Angleterre, mais beaucoup de Canadiens épousèrent la cause des rebelles. Le souvenir de la conquête de la Nouvelle-France était demeuré bien vivace dans les esprits: il ne s'était encore écoulé qu'une douzaine d'années depuis le traité de Paris. Certains prévoyaient que l'ancienne mère patrie seconderait le mouvement d'indépendance, ce en quoi ils ne se trompaient pas, puisqu'en 1777, Benjamin Franklin obtenait l'envoi en Amérique d'un corps expéditionnaire commandé par Rochambeau. Le comte de Vergennes, ministre des Affaires étrangères de France, y voyait une revanche possible de la guerre de Sept Ans.

Une anecdote illustre bien les sentiments des irréductibles qui espéraient voir le *vieux pays* reprendre possession de l'ancienne colonie et qui résistaient à la sympathie officielle du clergé à l'égard de la couronne. Philippe Aubert de Gaspé rapporte que l'un d'eux, exhorté sur son lit de mort par le curé de la paroisse à reconnaître son péché de déloyauté, se souleva à demi et, avec un air de mépris, lui dit tout simplement: *Vous sentez l'anglais*. Puis, se retournant contre le mur, il expira.

Ils sont un peuple sans histoire.

Durham, au sujet des Canadiens français

Le 27 mai 1838, le *Hastings* cargue ses voiles dans la rade de Québec. Il amène au Canada un nouveau gouverneur général, John George Lambton, premier comte de Durham. C'est Palmerston, ministre des Affaires étrangères dans le cabinet Grey, qui l'a recommandé pour ce mandat, auprès de la jeune reine Victoria.

La situation est grave dans la colonie. Colborne, qui vient de réprimer l'insurrection de 1837, gouverne avec une main de fer. Les prisons sont pleines. Londres estime que les procès à intenter ne doivent pas prendre figure de représailles. La constitution a été suspendue. Il faut mettre au point la meilleure formule politique possible pour rétablir la paix et la stabilité. Durham passera à l'histoire davantage pour son fameux rapport que pour son administration; celle-ci ne durera que quelques mois, juste le temps de prendre le pouls de la situation.

C'était un homme droit, sincère et courageux, mais ces solides qualités voisinaient avec un orgueil indomptable, une légendaire irritabilité et une fermeté pouvant aller jusqu'à l'absolutisme.

Il ne mit pas de temps à pointer du doigt la source des problèmes politiques: la tension constante entre l'Exécutif et la Chambre d'assemblée, élue par le peuple, et un conflit entre deux races vivant côte à côte et que tout séparait: religion, langue, éducation, coutumes, mœurs.

Les Canadiens français s'étaient tout d'abord réjouis de sa nomination, car sa solide réputation de réformiste leur laissait espérer la suppression des abus dont ils se plaignaient depuis longtemps, mais ils purent se rendre compte rapidement qu'à son avis, le principal remède à la situation était leur assimilation. Dans la dernière proclamation qu'il signa avant de rentrer à Londres, il définissait son objectif: *élever la province de Québec à un caractère tout à fait britannique* et *noyer les petites jalousies d'une société étroite, ainsi que les odieuses animosités d'origine dans les sentiments plus hauts d'une nationalité plus noble et plus large*.

Ceci laissait augurer de l'orientation des recommandations qu'il s'apprêtait à formuler. Il aurait favorisé un régime fédératif, mais se disait certain que la génération de Canadiens français qu'il avait connue ne se soumettrait pas loyalement à la Couronne et que, par contre, la population anglophone du Bas-Canada n'accepterait pas d'être sous l'autorité de la majorité francophone. Il prônait donc l'union des deux Canadas.

Dans son rapport, Durham brossait un tableau peu flatteur des Canadiens français. *Ils ne sont*, écrivait-il, *que les restes d'une ancienne colonisation ; ils se trouvent et sont destinés à être toujours isolés au milieu d'un monde anglo-saxon. Quoi qu'il arrive, quel que soit le gouvernement sous l'empire duquel ils seront placés, ils ne peuvent concevoir aucun espoir pour leur nationalité.* Suprême mépris, il ajoutait : *Ils sont un peuple sans histoire, sans littérature.* Les Anglais du Canada en avaient-ils davantage ? Les deux peuples ne se nourrissaient-ils pas aux sources de deux civilisations européennes ?

Il parle assez le français pour acheter des patates.

Réponse faite à un échevin

En 1840, Montréal reçoit une nouvelle charte et le gouverneur général du pays, Charles Edward Poulett Thomson (plus tard, baron de Sydenham) nomme les membres du conseil municipal pour un premier terme (deux ans) : les anglophones y sont en majorité, treize sur dix-huit, une proportion que les citoyens corrigeront dès la première élection, en 1843.

À cette époque, la ville compte quarante mille habitants répartis en six quartiers, et les marchés publics sont l'objet d'une attention particulière. Dès le mois de mai 1841, le nouveau conseil adopte un règlement visant à les régir.

L'année suivante, il faut nommer un nouveau *clerc* au marché Sainte-Anne, et *l'Aurore des Canadas* rapporte comment le choix de ce fonctionnaire se fit. Le conseiller Archibald Hume proposa la candidature d'un certain Abbott. *Il est curieux*, souligne le journal, *de voir qu'on a choisi un homme que nous croyons incapable de remplir la place, car il ne peut parler la langue française, celle pourtant de la majorité de nos citadins qui visitent tous les jours ce marché.*

Au total, seize personnes avaient sollicité le poste : il devait bien y en avoir de mieux préparées à assurer un meilleur contact quotidien avec le public. *Mais pourquoi parler du public ?* demandait le journal, *la Corporation s'occupe peu de lui*. Et il enchaînait avec une anecdote.

Quand le conseiller Hume suggéra la nomination du candidat Abbott, son collègue C.-S. de Bleury se leva et demanda s'il parlait le français. La réponse ne se fit pas attendre :

– *Assez pour acheter des patates.*

Rires.

Comme quoi les patates avaient préséance sur les citoyens dans l'esprit des édiles municipaux d'il y a un siècle et demi. *Aucun des membres n'a eu le courage d'élever la voix*, constatait le journal avec une pointe d'amertume.

Un siècle et demi plus tard, la bataille n'est toujours pas gagnée !

MORALE

On sait aussi bien pendre en ce pays-ci qu'ailleurs.

Pierre Boucher

À Paris, en 1664, paraît un livre qui constitue maintenant une précieuse source de renseignements ayant valeur de témoignage. C'est Pierre Boucher, sieur de Grosbois et gouverneur des Trois-Rivières, qui le signe. Il s'intitule : *Histoire véritable et natvrelle des mœurs & productions du pays de la Novvelle France vulgairement dite le Canada*. Il s'ouvre par une *épistre* dédiée à Colbert : *Vous verrez dans la simplicité de mon stile, qui est sans artifice, que vrayment elle* (la Nouvelle-France) *merite d'estre peuplée*.

Dans l'avant-propos, Boucher explique son initiative : pour avoir une idée de la colonie, il faut lire le récit des voyages de Champlain et toutes les *Relations des Jésuites*. Il a donc résolu de ramasser en un seul livre les principaux renseignements pratiques que ces ouvrages contiennent, afin de répondre aux questions que l'on se pose au sujet du Canada.

Boucher ne mentionne pas que les avantages du pays, mais aussi ses inconvénients, au premier rang desquels il place, par ordre, les Iroquois, les maringouins et l'hiver. Il estime, cependant que *tous les pauures gens feroient bien mieux icy qu'en France, pourueu qu'ils ne fussent pas paresseux ; ils ne manqueroient pas icy d'employ, & ne pourroient pas dire ce qu'ils disent en France, qu'ils sont obligez de chercher leur vie, parce qu'ils ne trouuent personne qui leur veüille donner de la besogne*. D'où l'on voit que la quête de travail ne date pas d'hier ! Il ajoute : *En vn mot, il ne faut personne icy, tant homme que femme, qui ne soit propre à mettre la main à l'oeuure, à moins que d'estre bien riche*.

La Nouvelle-France, dit Boucher, est fertile. Après avoir servi trois ans chez un maître, les paysans *se mettent à eux*, autrement dit, s'établissent, et *ils n'ont pas trauaillé plus d'vne année qu'ils ont défriché des terres, et qu'ils recueillent du grain plus qu'il n'en faut pour les nourrir*.

Mais attention, si les gens de bien peuvent vivre ici contents, *pas les meschans, veu qu'ils y sont éclairez de trop prés : c'est pourquoy*, remarque Boucher, *ie ne leur conseille pas d'y venir ; car ils pourroient bien en estre chassez, & du moins estre obligez de s'en retirer, comme plusieurs ont déjà fait*.

Là-dessus, Boucher revient plus loin à la charge : *Pour ce qui est des garnemens, s'il y en passe, c'est qu'on ne les connoist pas ; & quand ils sont dans le Pays, ils sont obligez de viure en honnestes gens, autrement il n'y auroit pas de jeux pour eux : on sçait aussi-bien pendre en ce pays-icy qu'ailleurs, & on l'a fait voir à quelques-vns, qui n'ont pas esté sages*.

Ainsi, les colons réussiront pourvu qu'ils aient du cœur à l'ouvrage. Dès l'année 1621, Champlain renvoyait en France deux ménages qui étaient à Québec depuis deux ans et qui *n'auoient pas déserté* (défriché) *vne vergée de terre, ne faisant que se donner du bon temps, à chasser, pescher, dormir & s'enyurer*. Champlain jugea qu'ils étaient *gens de néant*.

MORGUE

Il y a des choses, Sire, sur lesquelles il est plus respectueux de ne pas répondre à Votre Majesté.

Mgr de Saint-Vallier, à Louis XIV

Le successeur de Mgr de Laval sur le siège épiscopal de Québec connut dans le sacerdoce un début de carrière peu commun. En 1676, grâce à l'influence de sa famille, Jean-Baptiste de La Croix de Chevrières de Saint-Vallier devenait l'aumônier ordinaire de Louis XIV... cinq ans avant d'être ordonné prêtre!

Il avait trente et un ans quand on lui parla de Québec, le premier évêque songeant à se retirer. Ce diocèse de la Nouvelle-France avait les dimensions d'un continent. Le jeune abbé accepta le poste, car il avait une âme d'apôtre, mais c'était un homme entier, donc peu enclin au dialogue. Les autorités du séminaire de Québec écrivirent même à Mgr de Laval, alors en séjour à Paris, reconnaissant son zèle, mais doutant de son aptitude à diriger un diocèse. L'évêque résolut de soustraire son clergé à l'autorité du séminaire. Le malentendu prit de telles proportions qu'au printemps de 1691, il se présenta devant le roi pour lui demander de faire arbitrer le litige.

Louis XIV confia l'affaire à l'archevêque de Paris et à son confesseur, le père La Chaise, qui émirent une opinion favorable à l'évêque. Mais celui-ci n'était pas au bout de ses peines, ou plutôt de celles qu'il semblait solliciter. Au cours des mois qui suivirent, il se brouilla avec le gouverneur de Frontenac, M. de Callière, gouverneur de Montréal, les membres de son chapitre, les jésuites, de même qu'avec les hospitalières de l'Hôtel-Dieu de Québec et la congrégation de Notre-Dame de Montréal!

Le roi reçut tant de mémoires dénonçant l'attitude de l'évêque qu'il lui ordonna de venir se justifier à la cour. Après l'avoir entendu, Louis XIV lui demanda sa démission, mais il refusa de la donner, mettant dans l'autre plateau de la balance ses réalisations, dont l'importance était indiscutable. C'est que Mgr de Saint-

Vallier avait un caractère qui convenait mal à son dévouement apostolique.

Louis XIV résolut alors de prendre conseil auprès des deux grandes lumières de l'Église gallicane: Fénelon et Bossuet. L'archevêque de Cambrai se récusa: il ne connaissait pas suffisamment la jeune Église de la Nouvelle-France, disait-il, pour se permettre d'exprimer une opinion valable. Quant à l'évêque de Meaux, il déclara au roi que si l'évêque ne consentait pas à démissionner, il serait contraire aux canons de l'Église de le retenir en France, rejoignant en cela l'avis de l'archevêque de Paris. Il paraît qu'en cette affaire, Mme de Maintenon fut aussi consultée, mais qu'elle ne voulut pas s'en mêler.

Louis XIV manda Mgr de Saint-Vallier. *Je sais*, lui dit-il, *que je m'adresse à un saint évêque, tout dévoué à la gloire de Dieu et rempli de zèle pour mon service. Je sais aussi que, à raison des circonstances, il est devenu très difficile à cet évêque de faire le bien au Canada, tandis qu'il pourrait sans peine en faire beaucoup ailleurs*. Après un moment de silence, le roi reprit: *Mais, vous ne répondez pas! — Il y a des choses, sire*, dit l'évêque, *sur lesquelles il est plus respectueux de ne pas répondre à Votre Majesté*. Mgr de Saint-Vallier rentra à Québec.

NAÏVETÉ

Quand j'ai bu, mon cœur est sans crainte et ma langue parle cent fois mieux!

Un Outaouais

Les Amérindiens, nous l'avons vu ailleurs, avaient un langage fort coloré et maniaient la métaphore avec une rare virtuosité.

Quand les Européens arrivèrent en Amérique, les autochtones ne connaissaient pas l'alcool. Hélas, ils en allaient devenir les esclaves au contact des trafiquants de fourrures, pour qui le lucre avait préséance sur la vertu. On comprend facilement pourquoi les autorités civiles et ecclésiastiques de la colonie s'efforcèrent de mettre fin à la traite des pelleteries basée sur l'eau-de-vie. C'est d'ailleurs le même commerce qui équipa les tribus d'armes à feu, avec le résultat que Français et Anglais s'entre-tuèrent par indigènes interposés.

Mais tous ne se précipitaient pas sur leurs haches et leurs couteaux aux premières lampées, même si, trop souvent, l'eau-de-feu les portait aux pires carnages. Avec le passage du temps et la sévérité des lois à l'égard des crimes, de tels massacres ne se produisirent plus, mais l'alcool demeura présent dans les habitudes de vie des premiers occupants, tout autant que des Blancs.

On rapporte qu'un jour, un gouverneur général du Canada demanda à un certain *Jean Laplaque*, d'origine outaouaise, de quoi il pensait que l'on obtenait l'eau-de-vie, dont il était friand. La réponse ne tarda pas: *C'est un extrait de langue et de cœur, car, quand j'en ai bu, mon coeur est sans crainte et ma langue parle cent fois mieux*!

C'est un voyageur français, D. Dainville, qui rapporte cette anecdote dans ses *Beautés de l'Histoire du Canada*. Peut-être les Amérindiens considéraient-ils l'alcool au même titre que les aliments. Ils faisaient preuve là-dessus de la plus grande imprévoyance. Les jours fastes, ils s'empressaient de tout consommer, quittes à se serrer la ceinture par la suite.

Les premiers Iroquois amenés à Paris s'étonnèrent de tout ce qui s'offrait à leurs yeux, mais il paraît que ce qui les frappa le plus fut d'apercevoir les étalages de viandes et de volailles à la disposition des passants. Généreux au chapitre de la nourriture à l'égard de tout venant qui prenait place devant leur chaudière, ils pensèrent que le même sentiment animait les Parisiens : quelle joie de pouvoir ainsi apaiser sa faim sans devoir s'esquinter à pêcher et à chasser ! On devine leur désenchantement en apprenant qu'il fallait tout acheter !

Le même Dainville rapporte que des Français, retenus prisonniers chez les Onnontagués, parvinrent à prendre la fuite grâce à la goinfrerie de leurs *geôliers*. Quelqu'un eut l'idée d'exploiter la naïve crédulité des *enfants des bois* à l'égard des songes : si la bourgade ne consommait pas en un gros festin toute sa nourriture, elle serait victime d'un mauvais sort. Au jour dit, alors que les Onnontagués, repus, dormaient du sommeil du juste, les prisonniers s'échappaient.

Et puisque nous parlons de superstitions, soulignons un autre trait de la froide logique des indigènes : ils faisaient disparaître les pendules et les girouettes des missionnaires parce que les premières apportaient la mort, et les secondes, la pluie.

ORGUEIL

Je l'ai trouvé bien bas, je l'élèverai bien haut !

Le curé Sentenne, au sujet du clocher de Saint-Jacques

L'église Saint-Jacques, construite à partir de 1823 à l'angle des rues Saint-Denis et Sainte-Catherine, à Montréal, pour servir de cathédrale au premier évêque, Mgr Lartigue, s'est relevée trois fois de ses cendres avant de tomber sous le pic des démolisseurs.

On avait confié les plans du futur temple à un architecte aujourd'hui oublié, un certain J. Fournier, et si on connaît son nom, c'est grâce à un document qui fut déposé dans la pierre angulaire. Pour des raisons que l'on ignore tout autant, il ne put terminer son œuvre. En 1852, il restait à compléter les tours et le portique. Or, cette année-là, le 8 juillet, un incendie éclatait, rue Saint-Laurent, rasant onze cents maisons! La cathédrale y passa.

Mgr Ignace Bourget avait succédé à Mgr Lartigue. Il décida que la future cathédrale s'élèverait près de la nouvelle gare du Pacifique Canadien, dans l'ouest. Mais, il fallait bien reconstruire Saint-Jacques, car les citoyens du faubourg Saint-Louis n'avaient plus d'église. On confia les plans à John Ostell, d'origine londonienne, qui s'était établi à Montréal.

Le temple est à peine terminé que, le 4 janvier 1859, un autre incendie le détruit. *Ce matin*, rapportait *la Minerve* du lendemain, *l'église Saint-Jacques, l'un des plus beaux monuments religieux de Montréal, n'est plus qu'un amas de cendres fumantes, dans l'état où elle était après l'incendie de 1852. Rien n'a été sauvé.*

Grâce aux six mille livres sterling recueillies auprès des assurances, la reconstruction débute sans retard. Cette fois, c'est un architecte canadiens-français, Victor Bourgeau, qui sera chargé des plans, mais il devra composer avec les murs anciens restés debout. Livrée au culte en 1855, l'église incendiée n'avait pas reçu la flèche dessinée par Ostell, bien qu'une tour eût été érigée dans ce but. Lors de la reconstruction, cette tour avait été conservée, mais il fallut la démolir en 1863: elle menaçait de s'effondrer. Les années passent et Saint-Jacques n'a toujours pas de flèche. En 1875, M. Léon-Alfred Sentenne, prêtre de Saint-Sulpice, est nommé curé. On le presse d'agir et de doter enfin l'église d'un clocher. *Je l'ai trouvé bien bas*, dit-il, *je l'élèverai bien haut!* Trop haut, en fait, disent les connaisseurs. Avec ses cent mètres ou presque, sa disproportion est flagrante.

Le 25 mars 1933, un autre incendie se déclare alors que l'église est remplie de fidèles. Grâce à l'organiste, la comtesse Antonia de Boishébert, qui demeure devant ses claviers, on évite la panique; elle sera d'ailleurs décorée en reconnaissance de son sang-froid.

Saint-Jacques survivra pendant près d'un demi-siècle, mais elle disparaîtra pour faire place à la nouvelle Université du Québec à Montréal. Heureusement, son clocher et sa façade seront intégrés au nouvel immeuble. Ainsi, l'altière flèche domine toujours le quartier.

PATRIOTISME

La grande voix de la Patrie nous dit qu'il nous faut un drapeau.

L'abbé Elphège Filiatrault

Au tout début du XVIIe siècle, le drapeau de la marine marchande de la France était bleu, traversé par une croix blanche. C'est d'ailleurs lui qui flottait au plus haut mât du *Don-de-Dieu* reconstitué à l'occasion des fêtes du troisième centenaire de la fondation de Québec, en 1908. On retint donc les mêmes couleurs pour celui du Québec.

Mais, pendant un siècle, soit de 1848 à 1948, le drapeau dit de Carillon fut l'étendard national des Canadiens français. Voyons pourquoi. Une vieille chronique signale que les milices présentes à la victoire de Carillon, en 1758, en avaient rapporté un drapeau troué par les balles, mais on ignorait exactement ce qu'il en était advenu.

En 1796, un incendie détruisait l'église des récollets. Les flammes, en s'attaquant à la voûte, consumèrent les attaches d'un pavillon qui tomba aux pieds du frère Louis, le dernier des récollets. Celui-ci le déposa dans un coffre où il avait placé quelques objets sauvés du sinistre.

Un demi-siècle plus tard, on le retrouvait; on le conserve depuis lors avec le plus grand respect. Le fond est bleu ciel, avec une grande fleur de lys blanche à chaque coin. Sur une des faces, au centre, figure un écusson aux armes de France, surmonté du coq gaulois. De l'autre côté, la Vierge Marie tenant l'Enfant-Jésus. En 1848, le drapeau de Carillon fut salué par des acclamations lors du défilé de la Société Saint-Jean-Baptiste.

Au début du siècle actuel, il se produisit un mouvement pour l'adoption par le Québec d'un drapeau distinctif et officiel. Ce fut un modeste curé de Saint-Jude, une paroisse du diocèse de Saint-Hyacinthe, l'abbé Elphège Filiatrault, qui conçut le projet le mieux reçu. Un autre prêtre, l'abbé F.-A. Baillairgé, curé de Saint-Hubert, au sud de Montréal, proposa aussi un prototype, mais il fut jugé trop chargé. Soulignons qu'en principe, un tel étendard doit être simple, car, jadis, sur les champs de bataille, c'était un signe de ralliement, il fallait pouvoir le reconnaître du plus loin possible.

C'est en 1902 que l'abbé Filiatrault formula sa proposition, dans une brochure signée d'un simple pseudonyme. Trente ans plus tard, les journaux révélèrent son identité. *La grande voix de la Patrie*, écrivait-il, *nous dit qu'il nous faut un drapeau qui chante nos gloires dans l'azur de notre ciel canadien*. Son choix: un champ bleu traversé d'une croix blanche, avec, dans chaque angle, une fleur de lys blanche dont l'axe était orienté vers le centre.

Lorsqu'en 1948, le Québec adopta son drapeau actuel, il était sensiblement celui conçu par l'abbé Filiatrault, sauf que les fleurs de lys sont disposées verticalement.

Ce fut en 1932 que l'abbé Elphège Filiatrault décéda, dans la paroisse de Saint-Joseph-de-Bordeaux, où l'auteur de ces lignes eut le plaisir de le connaître.

Je n'ai pas trahi pour l'amour du galon la cause nationaliste.

Olivar Asselin

Certains journalistes servirent sous les drapeaux. En 1870, au moment où la France gémissait sous la botte prussienne, Adolphe-Basile Routhier, dans *le Canadien*, prenait la défense du catholique Louis Veuillot, qui dirigeait le quotidien parisien *l'Univers*. Celui-ci, disait-il, montrait à son pays la voie à suivre, *et il faillirait à sa mission s'il brisait sa plume et la remplaçait par un chassepot*.

Chez nous, Olivar Asselin, en 1916, leva un bataillon de volontaires, le 163e, sans pour cela renier ses convictions nationalistes. Mais on l'accusa sur ce plan de trahison. Le 21 janvier, au Monument national, il exposait les motifs de son geste.

Ce fut l'honorable Rodolphe Lemieux qui le présenta. *Chez Asselin*, dit-il, *ce sont les battements de son cœur de patriote qui ont transformé le journaliste en soldat*.

Asselin avait accepté en novembre précédent la tâche de lever ce bataillon, et il s'était abstenu depuis lors de toute déclaration publique, mais il jugeait le moment venu d'affirmer qu'il n'avait pas *trahi pour l'amour du galon la cause nationaliste* ni fait preuve d'illogisme en endossant l'uniforme. Ses motifs: amour de la France et attachement aux institutions britanniques.

Si les Canadiens français montrent peu d'empressement à s'enrôler, explique-t-il, c'est qu'ils ont le sentiment que l'anglais étant la seule langue du commandement, ils ne peuvent espérer aucun avancement. *Le ministre de la Défense*, dit-il, *a compris qu'on ne pouvait leur demander d'apprendre l'anglais pour le seul plaisir d'aller se faire tuer sur les champs de bataille européens ; avec un bon sens dont il faut le féliciter, il a autorisé la formation de régiments canadiens-français*. Mais Asselin reconnaît que même dans ces régiments, *pour le soldat qui ne sait pas l'anglais, les plus hauts faits d'armes n'achèteront jamais que des grades inférieurs*.

Le major Asselin rappelle qu'il n'a jamais sous-estimé les avantages découlant de la politique compréhensive de Londres. *Pas plus que M. Laurier et pas plus que M. Bourassa je n'ai cherché à diminuer le respect des Canadiens français pour les principes de liberté collective et individuelle qui sont à la base de la constitution anglaise*. Et il cite une phrase de Bourassa : *C'est de l'Angleterre que nous tenons nos libertés. C'est vers elle que nous devons toujours nous tourner pour réclamer justice*.

Mais ceci ne le réconcilie pas avec l'étroitesse d'esprit de beaucoup d'anglophones, bien au contraire. *Je crois*, insiste-t-il, *qu'il ne faut pas confondre les institutions britanniques avec les demi-civilisés qui en ont le dépôt sur un point quelconque du territoire anglais. Et parce que je crois cela, je trouve qu'à moins de préférer aux institutions anglaises les institutions allemandes, il est glorieux, dans la guerre présente, de se battre pour les institutions britanniques*.

Les Laurentides seront un jour la Suisse du Canada.

Le curé Labelle

Grâce à Claude-Henri Grignon et à son roman intitulé *Un homme et son péché*, qui bénéficia pendant tant d'années de la faveur des radiophiles puis des téléphiles, la personnalité du *gros curé*, ainsi que l'*ours de Sainte-Adèle* se plaisait à désigner affectueusement Mgr Antoine Labelle, a bénéficié d'un rappel laudatif fort mérité.

À l'intention des jeunes qui pourraient ne pas connaître la carrière de ce personnage tout d'une pièce dont la bonhomie conquérante a même gagné l'estime d'académiciens, rappelons les circonstances qui en firent un apôtre de la colonisation.

Né à Sainte-Rose, dans l'île Jésus, ce *joli commencement de curé*, ainsi que le désignait l'un de ses contemporains, prit charge des ouailles de Saint-Jérôme à la fin de mai 1868. *Dès lors*, écrivait l'un de ses biographes, *le futur* Roi du Nord *entrait dans son royaume*. Mais, c'était un royaume de terres de roches, qu'il devait pourtant s'employer à mettre en valeur.

À pied, en modeste charrette et, l'hiver, en raquettes, il parcourut un immense territoire inhabité pour y fonder des paroisses. Il déplorait l'émigration des Québécois vers la Nouvelle-Angleterre où les sollicitaient les filatures et l'exploitation des mines. Il souhaitait retenir ses compatriotes par la colonisation et ce fut à cet objectif qu'il consacra une énergie presque titanesque. Il explora la forêt vierge au nord de Saint-Jérôme jusque dans ses coins les plus reculés, rêvant *d'y mettre un colon à la place de chaque épinette* !

Il faut à tout prix coloniser chez nous, disait-il. *C'est le moyen le plus puissant de porter remède à ce chancre de l'émigration qui nous dévore, de parer à ce fléau qui éparpille au-dehors les forces vives de notre jeune nation.*

Mais toutes les terres de cette vaste région des Laurentides, au nord de Montréal, n'étaient pas cultivables. Il s'y trouvait bien des terres arables, des pâturages propres à l'élevage, mais que faire des secteurs rocailleux, granitiques émaillés de lacs?

Là-dessus, le curé Labelle entrevoyait déjà l'avenir.

Les Laurentides, prédisait-il, *seront un jour la Suisse du Canada. Les étrangers y viendront nombreux d'Amérique et même d'Europe. Ces régions enchanteresses fascineront leurs yeux et mes colons y vivront heureux et prospères d'ici cinquante ans.*

Déjà, au début du siècle actuel, une nouvelle expression s'ajoutait au vocabulaire touristique : la *colonisation sportive*. Ce fut le journaliste Jean Prévost, membre de la célèbre famille des *Lions du Nord*, l'un des artisans de l'*Avenir du Nord*, hebdomadaire de Saint-Jérôme, qui inventa le terme.

De nos jours, n'est-ce pas dans ce secteur des Laurentides, au nord de Montréal, que l'on trouve la plus grande concentration d'hôtels de villégiature au Canada?

Nous avons fait le Canada, il nous reste à faire les Canadiens.

Macdonald

La Confédération canadienne ne fut pas le fruit d'un phénomène de génération spontanée, on s'en doute, mais bien de débats parlementaires et de conférences intercoloniales. Les anglophones auraient souhaité une union législative : un seul parlement pour tous les sujets britanniques *a mare usque ad mare*. Les Canadiens francophones ne pouvaient y consentir : ils y auraient certainement perdu leur identité et tout ce qui en découlait.

Dans l'esprit des hommes politiques qui allaient devenir les Pères de la Confédération, une seule formule méritait d'être retenue si l'on voulait créer un pays à la largeur du continent : l'union fédérative.

John Alexander Macdonald le comprit. Le 6 février 1865, à la 3e session du 8e Parlement du Canada uni, il faisait sienne la deuxième option, convaincu que la première ne déboucherait sur aucun résultat.

On a constaté, admettait-il, *que toute proposition qui amènerait l'absorption du caractère individuel du Bas-Canada serait rejetée par ses citoyens. Nous avons également trouvé que, même si leurs citoyens parlent la même langue et jouissent du même système juridique que ceux du Haut-Canada, il existait chez ceux des provinces maritimes la même inquiétude qu'au Bas-Canada devant le risque de sacrifier leur individualisme.*

En conséquence, poursuivait Macdonald, *nous avons été forcément amenés à la conclusion que nous devons abandonner tout projet d'union, à moins d'en concevoir un qui permette, dans une certaine mesure, la préservation des structures provinciales. De sorte que ceux qui, comme moi, étaient favorables à une union législative ont dû modifier leurs points de vue et se rallier derrière un projet d'union fédérale, la seule formule pratique, même pour les provinces maritimes.*

Ainsi, les francophones, Canadiens de vieille souche, n'étaient pas les seuls à craindre la menace du creuset.

En 1867, l'Acte de l'Amérique du Nord britannique entrait en vigueur : l'embryon du Canada d'aujourd'hui. *Nous avons fait le Canada*, déclara Macdonald, *il nous reste à faire les Canadiens*.

De là-haut, où il se trouve depuis déjà près d'un siècle, il doit juger qu'il a légué à ses successeurs un défi encore plus difficile à relever que celui qu'il avait fait sien !

Dès 1871, la Colombie-Britannique adhérait à la Confédération, à la condition expresse d'être reliée par chemin de fer au reste du Canada, en territoire canadien, un autre défi gigantesque. La toute nouvelle fille de la famille fut la première à menacer de s'en séparer, la réalisation du projet devant exiger plus de temps que l'on avait tout d'abord prévu. Dot plutôt onéreuse !

Macdonald se fit l'avocat de ce chemin de fer transcontinental qui, dans son esprit, devait être l'ultime artère propre à unifier le Canada de l'avenir.

PERSÉVÉRANCE

Il fut l'Abraham de la colonie.

Chrestien Le Clercq, au sujet de Louis Hébert

Le 12 décembre 1978, le maire de Québec, M. Jean Pelletier, en présence de M. Pierre Bas, adjoint du maire de Paris, dévoilait une plaque au 129 de la rue Saint-Honoré, dans la Ville lumière, là où naquit Louis Hébert, à l'enseigne du *Mortier d'Or*. Il pleuvait, ce jour-là, et sous son parapluie, l'auteur de ces lignes se demandait ce qui avait pu amener Hébert en Nouvelle-France.

À l'exemple de son père, Nicolas, il se fait apothicaire et pratique sans doute sa profession. En 1590, l'une de ses cousines germaines, Claude Pajot, épouse Jean de Biencourt, sieur de Poutrincourt, qui fondera Port-Royal en Acadie. Là réside probablement la réponse à la question ci-dessus.

En 1606, Hébert accompagne son cousin à Port-Royal et souhaite s'y fixer. Marc Lescarbot parle de l'apothicaire, *homme qui, outre l'expérience de son art, prend plaisir au labourage*. Mais, en 1607, le sieur de Poutrincourt doit rentrer en France avec tout son monde.

En 1610, celui-ci revient avec son cousin. Hébert ne sera pas plus heureux que la première fois dans sa tentative d'enracinement. Samuel Argall, futur lieutenant-gouverneur de la Virginie, réduit Port-Royal en cendres. Nouveau retour en France.

Au cours de l'hiver de 1616-1617, Louis Hébert renoue contact avec Samuel de Champlain, avec qui il a vécu à Port-Royal. Québec existe depuis neuf ans: il a donc de bonnes raisons de croire que ce poste subsistera. Le 11 mars 1617, il quitte la France pour une troisième et dernière fois, avec sa femme, Marie Rollet, et leurs trois enfants, Anne, Guillemette et Guillaume.

Hébert fut en quelque sorte le pionnier de nos pionniers. Pendant plusieurs années, il fut le seul, à part Champlain lui-même, à cultiver la terre. Et en 1623, le vice-roi le reconnaissait propriétaire du fief du Sault-au-Matelot, qu'il avait défriché et mis en valeur, là où s'élèvent de nos jours la basilique et le séminaire de même que les rues Hébert et Couillard, celle-ci nommée en l'honneur de son gendre, Guillaume Couillard.

Quand Louis Hébert décédera en janvier 1627, à la suite d'une chute sur la glace, Samuel de Champlain dira de lui qu'il avait été *le premier chef de famille résident au païs qui viuoit de ce qu'il cultivoit*. Le récollet Chrestien Le Clercq, dans son *Premier établissement de la Foy dans la Nouvelle-France*, paru en 1691, dit de Louis Hébert qu'il fut *l'Abraham de la colonie, le père des croyants*.

Le troisième centenaire de l'arrivée du pionnier à Québec a été marqué par le dévoilement d'un monument, place de l'Hôtel-de-Ville. Le sculpteur Alfred Laliberté l'a représenté alors qu'il offre au Seigneur sa première gerbe de blé. Il y a quelques années, ce monument a été enlevé pour permettre l'aménagement d'aires souterraines de stationnement; on l'a restauré et réédifié un peu plus loin, dans un frais décor sylvestre qui le met mieux en valeur.

PIÉTÉ

Je m'en allais en enfer en carrosse, si Dieu n'avait fait éclater le coup de foudre de la Révolution !

L'abbé de Calonne

On sait que la Révolution française chassa sur nos bords des prêtres qui assistèrent notre clergé, souvent en des régions où il était particulièrement pénible d'exercer le ministère. Ils avaient refusé de souscrire à la constitution civile du clergé et on les désignait sous le vocable d'*insermentés*. Pour échapper à la tourmente, plusieurs passèrent en Angleterre. Certains arrivèrent à Québec à partir de 1793, grâce à des passeports signés d'un secrétaire du roi.

Ceux qui demeurent en France subissent une véritable persécution. Ainsi, au début de septembre 1792, des groupes de Parisiens descendent dans la rue et entreprennent de massacrer des prisonniers et des prêtres jugés royalistes. Chez les carmes, rue de Vaugirard, cent seize *insermentés* sont égorgés, dont André Grasset de Saint-Sauveur, né à Montréal, et dont le collège André-Grasset perpétue la mémoire.

Certains des prêtres débarqués à Québec allèrent œuvrer en Acadie. Parmi eux figurait l'abbé Jacques-Ladislas-Joseph de Calonne. Son père avait été le premier président du parlement de Douai. Son propre frère, Charles-Alexandre, qu'il accompagnait souvent à la cour, fut également un homme politique important. Il occupa les postes d'intendant de la généralité de Metz, puis de Lille. Grâce à ses qualités d'administrateur, on l'appela au contrôle des Finances (1783), mais il dut démissionner quatre ans plus tard, dans les affres d'une grande crise économique et financière.

Lorsque l'abbé de Calonne, qui avait été vicaire général du diocèse de Cambrai, arriva au Canada, il alla assister l'abbé Angus Bernard MacEachern, un missionnaire écossais à qui on attribue le mérite d'avoir établi définitivement le catholicisme dans l'île du Prince-Édouard. Le prêtre français se fixa à Charlottetown et y travailla pendant cinq ans (1799-1804).

Les Acadiens lui ménagèrent un chaleureux accueil, mais il semble qu'il en fut autrement pour les Irlandais. En l'année 1800, Mgr Denaut, évêque de Québec, lui écrivait : *Les Acadiens continuent à vous donner de la consolation ; les Irlandais persévèrent dans leur insousiance. C'est votre croix, portez-la si vous pouvez, ou traînez-la.*

L'historien H.-R. Casgrain rapporte à son sujet une anecdote qui ne manque pas d'originalité. Dans ses prédications, son appartenance à l'une des grandes familles de France était source d'inspiration.

Un jour qu'il prêchait dans la cathédrale de Québec, il sortit de dessous son surplis un bout de galon doré. *Voici*, dit-il, *une partie des guides dont je me servais pour conduire mon équipage aux parties de plaisirs de la Cour. Je m'en allais en enfer en carrosse, si Dieu n'avait fait éclater le coup de foudre de la Révolution !*

L'abbé de Calonne décéda aux Trois-Rivières en 1822. Il était alors l'aumônier des ursulines de cette ville.

J'ai prié le bon Dieu à l'envers !

Le jeune Joseph-Fortunat Aubry, à sa mère

Les mots d'enfants sont souvent pleins de charme. En voici un que se plaisait à rappeler l'abbé Joseph-Fortunat Aubry, théologien de renom qui oeuvra dans le domaine de l'enseignement.

Né en 1796 à Saint-Laurent, près de Montréal, il est ordonné à l'âge de vingt-trois ans et sa carrière sacerdotale débute en la paroisse Saint-Roch, de Québec. En 1824, il devient professeur au séminaire de cette ville, prend ensuite la direction du grand séminaire où il enseigne la théologie et l'Écriture sainte. En 1850, l'archevêque de Québec le choisit au nombre de ses conseillers. En 1857, l'abbé Aubry reprend sa carrière d'enseignant au séminaire de Sainte-Thérèse en qualité de professeur de théologie. Il décède en 1875.

Dès sa prime jeunesse, le garçonnet était reconnu pour sa piété. Il ne passait jamais devant une croix de chemin sans s'agenouiller. Un jour, il rentra à la maison l'air penaud. Sa mère s'enquit de sa tristesse.

Grave problème : l'enfant, ce jour-là, était revenu au foyer paternel non par la route, mais à travers les champs, et il s'était ainsi agenouillé derrière la croix, ce qui lui semblait peu orthodoxe et troublait sa conscience.

Sa mère insista pour diagnostiquer son trouble. N'y pouvant plus, le cœur gonflé de remords, la larme à l'œil, le fiston se confessa :

Maman, j'ai prié le bon Dieu à l'envers !

Elle n'eut pas de peine à le consoler.

Un frère aîné de l'abbé Aubry, prénommé Clément, fut aussi professeur au séminaire de Sainte-Thérèse, où il enseigna la philosophie, après avoir exercé son ministère comme vicaire à Varennes, missionnaire à Bonaventure et à Douglastown, puis curé de la paroisse de la Présentation (diocèse de Montréal) et de Saint-Athanase. Il devait aussi occuper les cures de la Rivière-des-Prairies, de l'île Perrot et de Saint-Benoît.

Enfin, un autre frère, Luc, ordonné en 1830, marcha sur les traces des deux premiers, en ce qui a trait au ministère paroissial.

En 1870, à Sainte-Thérèse, on fêta les trois frères, dont *l'Opinion Publique* disait qu'ils faisaient depuis déjà un demi-siècle *l'ornement du clergé*.

L'abbé Cyprien Tanguay, qui allait plus tard signer son monumental *Dictionnaire généalogique des familles canadiennes*, remit l'arbre de la famille aux trois frères, et comme il taquinait aussi la muse, — c'était alors fort à la mode, — il accompagna le document de quelques vers, évoquant les doubles racines des Aubry:

Si l'aïeule fournit le noble sang français,
L'aïeul, lui, verse à flots la Foi de l'Irlandais;
Enrichi de tels sucs, il peut, sur notre terre,
Étendre ses rameaux, votre arbre séculaire!

Ces chers Canadiens au cœur d'or et aux clochers d'argent.

Mgr de Forbin-Janson

En 1840, le Québec accueillait l'un des plus grands orateurs sacrés de France, Mgr Charles-Auguste-Marie-Joseph, comte de Forbin-Janson, évêque de Nancy et de Toul, primat de Lorraine. Il y venait... prêcher des missions!

Né à Paris en 1785, ordonné prêtre en 1811, il accéda au siège de Nancy en 1824. En 1830, la France se trouva en pleine crise, et celle-ci conduisit à l'insurrection et à la monarchie de Juillet. Pour des raisons politiques, l'évêque nomma un coadjuteur et se retira. Il se consacra dès lors à la prédication de missions.

En 1839, Mgr de Forbin-Janson vint aux États-Unis et prêcha des retraites dans plusieurs diocèses, dont ceux de New York, de Philadelphie, de Saint Louis, de la Nouvelle-Orléans, de Mobile et de Baltimore. Puis, il prit contact avec la terre canadienne à Québec. Quelques jours plus tard, en décembre (1840), s'ouvrait à Montréal une retraite dont on garda longtemps le souvenir: c'était la première grande mission populaire que vivaient les fidèles. L'éloquence lumineuse du prélat, la splendeur des cérémonies attiraient des foules à l'église Notre-Dame. Les journaux du temps parlent d'auditoires de dix mille fidèles, soit le quart de la population de la ville. En somme, près des deux tiers de tous les catholiques de Montréal avaient accouru pour entendre l'éminent orateur. On estime à dix-sept mille le nombre des fidèles qui s'étaient approchés de la sainte table. Et lorsque l'avocat Charles Mondelet lut au prédicateur une adresse de reconnaissance, celle-ci portait trois mille signatures!

Au cours des mois suivants, Mgr de Forbin-Janson parcourut les campagnes. Les fidèles de plusieurs paroisses se réunissaient en une même église pour l'entendre. *Il n'y avait plus de place dans les petites villes et bourgades pour loger les hommes et les chevaux*, écrivait l'évêque à un ecclésiastique de France. *Les vaches étaient retirées de leurs étables pour augmenter le nombre des gîtes. On les couvrait de peaux afin de les garantir d'un froid de 20, de 24 et quelquefois de 28 degrés Réaumur.*

Les églises elles-mêmes ne suffisaient pas à accueillir la foule des pénitents. *Quand tout ce monde est entassé dans nos églises*, poursuivait le prédicateur, *on voit encore se presser au dehors 800 et souvent 1,000 à 1,200 fidèles qui assiègent la porte, qui montent sur de gros tas de neige par pelotons de 60 et 80 pour atteindre la hauteur des fenêtres et entendre de cette manière les instructions qui se font dans l'intérieur. Et tout cela par un froid qui fige presque le sang dans les veines.*

Mgr de Forbin-Janson participa à de nombreux événements. Il bénit notamment la première pierre de l'église de Bytown (Ottawa), de même que le grand calvaire de la montagne de Saint-Hilaire, cérémonie à laquelle participèrent trente mille fidèles!

Plus tard, dans une lettre à l'évêque de Québec, il disait combien il avait apprécié l'accueil de *ces chers Canadiens au cœur d'or et aux clochers d'argent.*

PRESCIENCE

Je ne doute pas que ce petit grain de sénevé deviendra un grand arbre.
Le père Vimont, au sujet de Ville-Marie

C'est à l'automne de 1641 que Paul de Chomedey, sieur de Maisonneuve, arriva à Québec avec son premier contingent de colons. Jeanne Mance l'accompagnait. La saison était trop avancée pour que l'on songeât à construire tout de suite le petit poste de Ville-Marie. On se contenta pour lors de la cérémonie de prise de possession de l'île de Montréal.

Mais, où tout ce monde logerait-il en attendant le printemps? En janvier 1637, Pierre de Puiseaux avait obtenu des Cent-Associés les seigneuries de Saint-Michel et de Sainte-Foy, près de Québec, et s'était construit une maison, le *bijou du pays*, écrit Dollier de Casson. C'était un homme pieux. Séduit par les objectifs désintéressés de la Compagnie de Montréal, il exprima le voeu d'en faire partie et plaça sa demeure de même qu'une autre qu'il possédait à Sainte-Foy à la disposition du sieur de Maisonneuve et de son groupe de pionniers. À ce dernier endroit existaient beaucoup de chênes, de sorte qu'il serait possible, durant l'hiver, de construire les deux barques, la pinasse et la gabare nécessaires au transport des hommes et du matériel qu'exigerait la fondation. M. de Puiseaux se montrait fort généreux, car les constructions et leurs dépendances lui avaient coûté cent mille livres.

Le 8 mai (1642), la flottile entreprit de remonter le fleuve. Elle était devant l'île de Montréal le 17. Le gouverneur de Montmagny accompagnait le groupe, de même que le père Barthélemy Vimont, supérieur des jésuites. Celui-ci, en arrivant, fit chanter le *Veni Creator*, dit la messe et exposa le saint sacrement. Le lendemain, avant que l'on se mît au travail, il dit une grand-messe et, dans un sermon, prophétisa en quelque sorte la grandeur future de l'établissement dont on s'apprêtait à jeter les bases.

Dollier de Casson, dans son *Histoire du Montréal*, rapporte ses propos: *Ce que vous voyez n'est qu'un grain de sénevé, mais il est jeté par des mains si pieuses et animées de l'esprit de la foi et de la religion que sans doute il faut que le ciel ait de grands desseins puisqu'il se sert de tels ouvriers, et je n'ai aucun doute qu'il produira un grand arbre, fera un jour des merveilles, se multipliera et s'étendra de toutes parts.*

Le sieur de Maisonneuve tint à abattre le premier arbre. Puis, ses hommes fabriquèrent des pieux dont ils érigèrent une solide palissade pour se mettre à l'abri des Iroquois. Le soir, c'étaient des lucioles qui, devant le saint sacrement, remplaçaient la flamme rituelle.

On n'eut pas de peine à consolider le petit fort, car le sol était déjà jonché d'arbres secs que Samuel de Champlain avait fait abattre en 1611, alors qu'il songeait lui-même à y fonder éventuellement un poste.

Tels furent les modestes débuts de cette Ville-Marie qui allait devenir Montréal, la métropole du Québec.

Français je suis, Canadien nous voudrions que vous soyez.

Chapleau à Gambetta

En 1879, Joseph-Adolphe Chapleau, chef de l'opposition à Québec, est invité à former un gouvernement et il accède ainsi au poste de premier ministre. Alors que son prédécesseur s'est tourné vers New York pour emprunter trois millions de dollars, il décide, lui, de frapper à la porte de la France et en confie le soin au trésorier provincial Wurtele que les milieux officiels et financiers reçoivent avec empressement. Il conclut assez facilement un emprunt de quatre millions de dollars auprès d'un syndicat d'Anvers et de la Banque de Paris et des Pays-Bas. Celle-ci, d'ailleurs, en 1881, lance chez nous le Crédit foncier franco-canadien.

C'est dans ce contexte favorable que Chapleau arrive en France en cette année 1881. Selon les partis politiques auxquels ils sont inféodés, l'attitude des journaux oscille entre l'approbation et la réprobation.

Un chef d'État, écrit *l'Événement* de Québec, *ne peut voyager sans qu'on lui prête mille projets qui n'ont peut-être pas traversé son imagination. Que va faire en réalité M. Chapleau à Paris ? Il va faire notre éloge, vanter nos ressources, faire briller les avantages dont nous disposons, chercher à attirer de plus en plus vers notre pays l'attention des capitalistes français. C'est une œuvre patriotique s'il en fut jamais. Le Canada, cette fois, est le lauréat, un lauréat couronné à la bourse*. L'éditorialiste évoquait par ces mots l'honneur que l'Académie française avait accordé l'année précédente à Louis Fréchette.

En France, Chapleau se doit de rencontrer les hommes politiques qui sont au timon des affaires, mais les chefs de file de l'heure n'ont évidemment pas toujours bonne presse au Québec, notamment Gambetta, président de la Chambre, qui, en cette même année 1881, devait former un nouveau gouvernement. Chapleau, qui s'employait à consolider le renouement des liens entre la France et le Québec, à en accroître la réciprocité, lui dit: *Français je suis, Canadien nous voudrions que vous soyez*.

Mais, de ce côté-ci de l'Atlantique, certains journaux se montraient défavorables à un tel rapprochement, dont *le Canadien*, pour qui l'ancienne mère patrie n'était plus la France catholique de nos aïeux. *Pourquoi donc aurions-nous de l'affection pour l'autre France*, demandait-il, *la vassale de la révolution depuis un siècle, la propagatrice des doctrines sociales les plus subversives de l'ordre ? Quel motif d'attachement pourrions-nous éprouver, surtout pour la France républicaine des dix dernières années ? A-t-elle fourni au monde de ces nobles exemples qui font époque dans la vie d'une nation, et qui ceignent son front de l'auréole de la vraie grandeur?*

En saluant Chapleau, *le Temps*, quotidien parisien, rappelait que le premier ministre du Québec était de sentiments catholiques, *mais*, ajoutait-il, *le clergé canadien se mêle peu des choses politiques. La paroisse se subordonne au comté. Les Canadiens n'analysent point l'amour qu'ils ont pour la France. Ils l'aiment parce qu'elle est la France. M. Chapleau est allé saluer M. Gambetta*.

PRESSENTIMENT

La prochaine fois que vous me mènerez, je ne vous verrai pas.

Letellier de Saint-Just à son cocher

Luc Letellier de Saint-Just avait le courage de ses convictions. Nommé lieutenant-gouverneur du Québec après une longue carrière politique, il ne sut pas ménager le chou et la chèvre, laissant transparaître son attachement au parti libéral, au point de révoquer le gouvernement conservateur de Boucher de Boucherville. Un an plus tard, John A. Macdonald le destituait.

Alors comme aujourd'hui, les hommes politiques, avant de quitter leur poste, se faisaient un devoir d'en trouver pour ceux qui les avaient bien servis. Il obtint ainsi un travail de messager pour son fidèle cocher, Louis Caron.

Quelques jours avant de se séparer de lui, Letellier de Saint-Just se fit conduire au débarcadère où accostait le traverser de Lévis.

– *Louis*, lui dit-il tristement, *la prochaine fois que vous me mènerez, je ne vous verrai pas*.

Le cocher, sachant probablement que son patron était malade, crut comprendre qu'il exprimait alors un voeu.

Un an et demi plus tard, Letellier de Saint-Just décédait à la Rivière-Ouelle. C'est le fidèle Louis qui conduisit le corbillard jusqu'au charnier du village.

En dépit des luttes électorales, les adversaires savaient parfois s'estimer et se respecter.

Au lendemain de la Confédération, Letellier de Saint-Just était nommé sénateur pour la division de Grandville. Au même moment, David Edward Price, fils du roi de l'industrie du bois au Saguenay, entrait également au Sénat afin d'y représenter la division des Laurentides.

Le 24 septembre (1867) a lieu l'élection des députés du premier Parlement. Dans le comté de Rimouski, le conservateur G. Sylvain remporte la victoire. À l'élection suivante (1872), le

Dr. J.-B.-R. Fiset se présente contre lui. Letellier de Saint-Just assume l'organisation de la campagne électorale le long de la côte sud du fleuve et parvient à faire élire tous ses candidats, depuis Lévis jusqu'à Gaspé.

Pendant la campagne, alors qu'il passait à la Rivière-du-Loup avec le candidat Fiset, il vint une idée à celui-ci en apercevant le vapeur en partance pour le Saguenay :

– *Pourquoi*, suggéra-t-il, *ne le prendrions-nous pas pour aller aider le candidat libéral qui se présente contre Price ?*

Ce Price, prénommé William Evan, était le frère du sénateur. Il était tout-puissant dans le comté de Chicoutimi-Saguenay.

Après un moment de réflexion, Letellier de Saint-Just répondit :

– *Non, à cause de mon ami David Price. Il m'a déjà rendu le service d'envoyer à ses frais, par goélette, à la Rivière-Ouelle où ils avaient droit de vote certains de mes électeurs qui travaillaient pour lui.*

Fouettant son cheval, il passa tout droit.

PRUDENCE

J'ai dix raisons de ne vouloir laisser entrer les sauvages en ma cabane : mes dix enfants.

Guillaume Couillard

Nous avons précédemment mentionné que Louis Hébert peut véritablement être considéré comme le premier colon de la Nouvelle-France. Or, en 1621, sa fille, Guillemette, épousait Guillaume Couillard. Si le beau-père fut à l'origine même de la culture du sol, son gendre peut revendiquer l'honneur d'avoir effectué les premiers labours.

Depuis 22 ans qu'on est allé pour habiter & defricher à Québec, rapporte Samuel de Champlain, *suiuant l'intention de sa Maiesté, les sociétés n'auoient fait deserter vn arpent & demy de terre : par ainsi ostoient toute esperance pendant leur temps, de voir le boeuf sous le joug pour labourer, iusqu'à ce qu'vn habitant du païs recherchast les moyens de releuer de peine les hommes qui trauailloient ordinairement à bras, pour labourer la terre, laquelle fut entamée auec le Soc & les boeufs, le 27, d'Auril 1628, qui montre le chemin à tous ceux qui auront la volonté & le courage d'aller habiter, que la mesme facilité se peut esperer en ces lieux comme en nostre France, si l'on en veut prendre la peine et le soing.*

Champlain n'identifie pas l'*habitant du païs*, mais les historiens s'entendent pour reconnaître en lui Guillaume Couillard. C'est la raison pour laquelle l'une des statues qui ornent le piédestal du monument à la mémoire de Louis Hébert, à Québec, nous montre Couillard appuyé sur un mancheron de charrue.

Couillard et Guillemette Hébert eurent dix enfants, dont la naissance s'échelonna de 1625 à 1648. Tout autant que les autres colons, il dut souvent combattre les Iroquois, ce qui lui faisait dire : *J'ai dix raisons de ne voulouer laisser entrer les sauvaiges en ma cabane : mes dix enfants.*

Son aînée, Louise, l'épouse du truchement Olivier Le Tardif, était décédée en 1637, soit onze ans avant la naissance de la benjamine, Catherine-Gertrude, mais Couillard, malgré une famille nombreuse, n'hésitait pas à adopter des enfants. Au moment où les Kirke s'emparaient de Québec, en 1629, Samuel de Champlain prenait soin de deux jeunes Indiennes données par leurs parents ; il les appelait Espérance et Charité. Les Kirke s'objectèrent à ce que Champlain les conduisît en France, et celui-ci les confia à Couillard.

Guillaume Couillard n'avait pas tort de se défier des indigènes. Deux de ses fils devaient périr aux mains des Iroquois : Guillaume, qui trouva la mort dans la région de Tadoussac, en 1662, et Nicolas, qui connut le même sort, à l'âge de vingt ans, l'année précédente, à Québec. Le premier était sieur Des Chênes, et le second, sieur de Belleroche.

Couillard fut anobli en décembre 1654, mais ses lettres de noblesse furent révoquées, puis reconcédées, en 1668, à ses fils Charles et Louis. Le pionnier décéda en 1663. Selon des papiers de famille, il blasonnait *d'azur à la colombe d'or aux ailes déployées, portant en son bec un rameau d'olivier*. Sa devise : *Dieu aide au premier colon*. Ce en quoi il supplantait son beau-père !

RALLIEMENT

Ralliez-vous à mes cheveux blancs !
Wilfrid Laurier

L'Entente cordiale, qui allait réconcilier l'Angleterre et la France, des ennemies traditionnelles, demeure dans l'Histoire un jalon de taille. Bien sûr, plusieurs personnages y travaillèrent, puisque ce rapprochement se profila à l'horizon de la vie politique dès la monarchie de Juillet. Mais, il lui fallut trois quarts de siècle pour se concrétiser. Ce que l'on sait moins, c'est qu'un premier ministre du Canada y contribua.

Émile Loubet, qui fut président de la France, et dont le septennat débuta en 1899, déclara, selon l'historien Robert Rumilly : *Je mourrai heureux d'avoir laissé dans ma carrière l'oeuvre, la grande oeuvre de l'Entente cordiale. Mais savez-vous qui m'a mis dans la tête ce sentiment auquel j'ai répondu avec empressement ? C'est l'éminent homme d'État qui dirige les destinées du Canada, Sir Wilfrid Laurier. Il était plus que moi en mesure d'apprécier le caractère de la Grande-Bretagne. Il me donna des aperçus qu'il me fut facile d'adopter. Et un jour que je rencontrai mon ami*

Édouard VII, imbu des mêmes idées, nous arrivâmes à cette entente.

En 1897, Laurier était allé à Londres afin de représenter son pays au grand jubilé marquant le 60e anniversaire de l'accession au trône de la reine Victoria. Il était ensuite passé par Paris avant de rentrer ; il s'y était écrié : *J'aime la France, à qui nous devons la vie ; j'aime l'Angleterre, à qui nous devons la liberté ; mais avant tout, par-dessus tout, j'aime le Canada, ma patrie, ma terre natale.*

En 1907, Laurier retournait à Londres pour participer à une conférence impériale. Or, scandale ! on l'accueillait aux sons de... *la Marseillaise* ! *La Presse* proteste (18 avril) : *Nous saluons en cela l'esprit de l'Entente cordiale, mais nous avons le devoir de faire observer que, malgré une affection bien naturelle pour la terre de nos aïeux, les Canadiens français n'ont rien de commun avec* la Marseillaise, *pour nous, espèce de chant posthume. Nous sommes les Français d'avant la révolution, et* la Marseillaise *n'a pu, par conséquent, entrer dans nos moeurs.*

Rentré d'Europe, Wilfrid Laurier doit faire face à une nouvelle élection. Il siège aux Communes depuis 1874. En 1887, il devient le chef du parti libéral. En 1896, on l'appelle à former le gouvernement. En 1908, donc, il sollicite un nouveau mandat. *Ralliez-vous à mes cheveux blancs !* C'est à ce cri que ses partisans se serrent les coudes. *Laissons Laurier finir sa tâche !* reprennent-ils, et c'est une nouvelle fois la victoire.

Mais une étoile monte à l'horizon du firmament politique, le petit-fils d'un chef qui fut électrisant, le petit-fils de Louis-Joseph Papineau : Henri Bourassa. Laurier disait de lui : *Il combat avec la même violence ses amis et ses ennemis.*

Au printemps de 1911, Laurier retournait à Londres pour assister aux fêtes du couronnement de George V. Quand il rentra, une autre élection l'attendait, et ce fut aux Conservateurs que le Canada donna la majorité. Beaucoup voulurent presque s'en excuser : *Sir Wilfrid*, disait-on, *n'est pas une personnalité, c'est un idéal.*

RÉALISME

Il n'est pas toujours à propos de suivre les passions des personnes qui ne veulent régner que pour un temps.

Champlain, au sujet de la Compagnie de Montmorency

La Nouvelle-France, à ses premiers balbutiements, retient l'attention de deux catégories de personnages: ceux qui, comme Champlain, veulent y maintenir *avec la langue française, un cœur et un courage français*, et ceux qui y voient l'occasion d'y faire un commerce lucratif.

Les seconds ont en quelque sorte beau jeu. Le roi souhaite bien l'essor de sa nouvelle colonie dans la vallée du Saint-Laurent, mais sans bourse déliée. Pour éviter de dégarnir ses coffres, il confie à des syndicats de marchands le soin de faire passer des défricheurs au Canada et d'y maintenir des missionnaires, en échange de quoi il leur accorde l'exclusivité de la traite des pelleteries.

La nature humaine étant ce qu'elle est, les compagnies s'efforcent bien plus de stimuler leur commerce que de travailler à la colonisation. Elles ne s'emploient pas non plus à renforcer les ouvrages de défense de Québec. Les objectifs à moyen ou à long terme ne retiennent aucunement leur attention.

En 1608, Champlain a bâti son *abitation* au pied du cap Diamant. Les années passent, et il réalise qu'un fort juché au sommet de la falaise protégerait beaucoup mieux le petit poste. En 1620, donc, en rentrant d'un voyage en France, il entreprend d'en faire ériger un *sur vne montagne qui commandoit sur le trauers du fleuue saint Laurent, qui est vn des lieux les plus estroits de la riuiere.*

La même année, la Compagnie des marchands perd son monopole, faute d'avoir conduit six familles par année en Nouvelle-France. La Compagnie de Montmorency prend sa relève, mais ne juge pas nécessaire l'initiative de Champlain. *Tous nos associez*, constate ce dernier, *n'auoient peu gouster la nécessité d'vne place forte pour la conseruation du Pays & de leur bien. Ceste maison ainsi bastie ne leur plaisoit point.* Mais le fondateur est réaliste, il veut assurer la pérennité de son œuvre. *Cecy*, poursuit-il, *est le vray moyen de ne point receuoir d'affront, pour vn ennemy, qui recognoissant qu'il n'y a que des coups à gaigner, & du temps, & de la despence perduë, se gardera bien de se mettre au risque de perdre ses vaisseaux & ses hommes.*

Champlain se heurte à la myopie chronique des trafiquants. *Il n'est pas tousiours à propos*, reconnaît-il, *de suiure les passions des personnes qui ne veulent regner que pour vn temps. Il faut porter sa considération plus auant.* Et en 1623, il rend moins pénible l'accès à son ouvrage stratégique. *L'incommodité que l'on receuoit à monter la montagne pour aller au fort sainct Louis*, rapporte-t-il, *me fit entreprendre d'y faire faire vn petit chemin pour y monter auec facilité.*

Le fondateur avait vu juste: cinq ans plus tard, les frères Kirke se présentaient devant la place. Sachant bien que la famine était leur alliée, ils revinrent l'année suivante. Cette fois Québec capitula. Depuis plusieurs mois, on n'y mangeait plus que des racines, tellement la disette était grande.

Le Canada n'a jamais été regardé comme il le devait être.

Jean Talon

Un grand commis de l'État, que ce Talon. Avant d'être envoyé à Québec, on lui avait confié l'intendance du Hainaut, poste qu'il occupa pendant dix ans, et sans doute avec beaucoup de compétence, puisque Louis XIV, en 1665, lui confiait celle de la Nouvelle-France. On a dit de lui qu'il avait été pour le Canada l'équivalent de Colbert pour la France. D'ailleurs, la volumineuse correspondance que les deux personnages échangèrent démontre que le ministre honorait le haut fonctionnaire de sa confiance.

Dès son arrivée à Québec, il pressent toutes les possibilités qu'offre la colonie. Il s'emploie dès lors à en assurer la consolidation et l'essor en développant l'économie par le truchement de l'agriculture, de l'industrie et du commerce.

C'est tout d'abord la fertilité du sol qui le frappe. Un minot de blé, écrit-il, peut en rendre vingt, même trente dans les endroits bien situés. Et si l'on développe rationnellement la culture, il y aura dans quinze ans *suffisamment de surabondant, tant en bled, légumes et chair, qu'en poisson, pour fournir les Antilles de l'Amérique, mesme les endroicts de la terre ferme de cette grande partie du monde*.

Talon estime que le Canada *n'a jamais esté regardé comme il le devoit estre*, qu'il y a lieu d'y accroître considérablement la population, mais Colbert refroidit quelque peu son enthousiasme: *Il ne seroit pas de la prudence de dépeupler le Royaume comme il faudroit faire pour peupler le Canada*.

En 1667, l'intendant reparle des Antilles. Le Canada, par ses produits, pourra contribuer à leur subsistance si le secours de la France vient à leur manquer.

En 1668, Talon obtient son rappel à cause du mauvais état de sa santé, mais l'année suivante, on lui redonne son poste à Québec. Il relance les relations commerciales avec les Antilles et leur envoie cinq vaisseaux, dont deux sont destinés à la Cayenne et à la Tortue, chargés d'anguilles, de saumon salé, de pois verts, de farine, de madriers et de planches, d'orge, de houblon, même de bière. Il écrit aux gouverneurs de ces colonies insulaires pour les informer des denrées que le Canada peut leur fournir, et il les invite à lui dire quelles sont celles qu'ils peuvent expédier en échange.

Talon ne manque pas d'ardeur à la tâche. Il souhaite que la colonie puisse le plus tôt possible suffire à ses propres besoins. Il favorise la culture du lin et du chanvre, la fabrication de souliers et de chapeaux, la construction de navires, l'exploitation des mines.

Le 2 novembre 1671, il écrit au roi: *Je ne suis pas homme de cour et je ne dis pas par la seulle passion de plaire au Roy et sans un juste fondement que cette partie de la monarchie françoise deviendra quelque chose de grand.*

Les cinq années que Jean Talon passa à Québec furent les plus fructueuses que connut la Nouvelle-France au cours du XVIIe siècle.

Le Canada n'a plus besoin d'être tenu en tutelle.

L'Univers, Paris

La visite de *la Capricieuse*, en 1855, souleva l'enthousiasme des Canadiens. *Rien n'est plus touchant*, lisait-on dans *l'Univers*, de Paris, *que de voir combien le cœur est resté fidèle à la France parmi ces excellentes populations du Canada si indignement traitées et abandonnées sous Louis XV*. Mais le chroniqueur C. de Laroche-Héron, visiblement d'esprit réaliste, exprimait l'avis que ce serait une grande illusion, à la suite de ces manifestations enthousiastes, de se laisser aller à des espérances ambitieuses. C'est ainsi qu'il qualifiait les rêves de ceux qui entrevoyaient le jour où le Canada réintégrerait le giron de la mère patrie culturelle.

Depuis quatre-vingt-dix ans que le Canada est séparé de la France, poursuivait-il, *il a acquis l'âge viril et il n'a plus besoin d'être tenu en tutelle par aucune puissance. La suprématie presque nominale que conserve l'Angleterre ne déplaît pas à la majorité des Canadiens. Elle est un frein à l'invasion des idées démagogiques, elle préserve le pays des entreprises du parti qui désire l'annexion aux États-Unis, et elle a su respecter et protéger les institutions et les propriétés religieuses mieux que ne l'aurait fait la France depuis 1763.* Cette dernière considération trouvait tout naturellement sa place dans un journal que Louis Veuillot dirigeait depuis déjà sept ans.

Le Canada, continuait le chroniqueur, *est aujourd'hui vis-à-vis de la France comme un fils déjà à la tête d'une famille vis-à-vis de son vénérable père. L'affection filiale n'est pas moins vive que lorsque le premier était enfant; mais le second, content de ces sentiments, ne songe pas à remettre à la lisière son fils justement émancipé.*

Le parallèle ne manquait pas de rationalité.

Mais il subsistait d'irréductibles rêveurs qui se berçaient d'illusions. L'un d'eux, à la même époque, s'appelait Joseph-Guillaume Barthe. Né à Carleton en 1816, il avait signé, au moment de l'insurrection de 1837-1838, des odes patriotiques qui l'avaient conduit derrière les barreaux. Libéré, il avait collaboré, en 1839, à la fondation de *l'Aurore des Canadas*. Plus tard député de Yamaska, puis greffier de la Cour d'appel, il se retrouva en France, oeuvrant pour le recrutement de colons. Pendant cette période, il signa un livre, *Le Canada reconquis par la France*.

Selon M. Laroche-Héron, il ne s'agissait là que d'une œuvre indigeste. *L'auteur*, dit-il, *s'est donné beaucoup de mouvement à Paris pour réaliser sa chimère chérie: l'affiliation de l'Institut canadien à l'Institut de France*. Dans l'esprit du journaliste, l'Institut canadien était une sorte de cabinet de lecture. *Si la Chambre littéraire de Pézenas imaginait de s'affilier à l'Académie française*, continuait-il, *la présentation ne serait pas plus bouffonne que celle de M. Barthe.*

En 1856, Georges-Isidore Barthe, frère du précédent, fonde *le Bas-Canada*. Selon lui, l'union des deux Canadas est injuste. Le Bas-Canada doit donc trouver sa place parmi les États indépendants de l'Amérique, et le salut lui viendra de la France par le truchement d'une immigration massive. Ainsi s'expliquait la *chimère chérie* de Joseph-Guillaume Barthe.

Nous aimons la France comme une mère ; nous considérions autrefois l'Angleterre comme une marâtre ; aujourd'hui, nous l'estimons comme une excellente belle-mère.

Joseph Marmette

Louis Fréchette a écrit que Joseph Marmette fut le véritable créateur du roman canadien, qu'il était de la bonne école, *de l'école des conteurs, et non pas de ces vivisecteurs de l'âme qui se cassent la tête et celle des autres à vouloir analyser les insaisissables et fugaces impressions de l'esprit.*

Ce fut au sein de la fonction publique que Marmette trouva une sérénité favorable à l'épanouissement de son talent : chargé de la correspondance de la Trésorerie du Québec, il avait le temps de lire Balzac et de compulser les archives. Doit-on s'étonner de sa prédilection pour l'histoire ? Il avait épousé la fille de l'historien François-Xavier Garneau.

Un jour, Chapleau lui propose un poste à Paris : il sera l'adjoint du commissaire Hector Fabre. Son acceptation est enthousiaste. Il y consacrera ses loisirs pendant quelques années à répertorier aux Archives nationales tous les documents qui tombent sous son œil de lynx et qui ont trait à la Nouvelle-France.

Il fréquente certaines célébrités de l'heure, Richepin, l'historien Augustin Thierry, Anatole France, le géographe Onésime Reclus, l'académicien Xavier Marmier et l'écrivain Victor du Bled.

À cette époque, le Canada, — lisez *le Québec* —,jouissait d'une popularité sans précédent en France. On nous redécouvrait, grâce à l'entregent de Fabre et à la publicité résultant des campagnes visant à stimuler le recrutement d'émigrés pour la mise en valeur des Prairies ouvertes à la colonisation par un premier tronçon du chemin de fer transcontinental.

Pour beaucoup de Français, la survivance en terre américaine, après plus d'un siècle d'hégémonie britannique, d'un groupe homogène demeuré fidèle à la mère patrie culturelle tenait du miracle.

Dans *la Presse*, de Paris, le 21 février 1885, le vicomte de Launay citait le témoignage de l'un de ses compatriotes qui s'était établi au Canada. *Si vous ne voulez pas essayer de cet Eldorado agricole*, lui avait-il dit, *recommandez-le à vos amis, qui ne se doutent sans doute pas qu'il y a là-bas treize cent mille Canadiens français*. Ceux-ci, ajoutait-il, vivent côte à côte avec les Anglais : *il y a eu* fusion, *mais non* infusion *des deux races*. Il terminait : *s'il n'y a pas eu mariage d'inclination, il y a eu, ce qui parfois vaut mieux, un mariage de raison*.

On devine que Joseph Marmette, dans les salons parisiens, prenait figure d'un impossible survivant. *Nous aimons la France comme une mère*, répondait-il à ceux qui s'étonnaient de cette coexistence ; *nous considérions autrefois l'Angleterre comme une marâtre ; aujourd'hui, nous l'estimons comme une excellente belle-mère*.

Fort heureusement, l'espace ne nous permet pas de commenter !

RECONNAISSANCE

La Champagne semble vouloir donner à Montréal plus que toutes les autres provinces réunies.

Chomedey de Maisonneuve

En 1641, Paul de Chomedey, sieur de Maisonneuve, traverse l'Atlantique. Il doit s'acquitter d'une mission que lui a confiée la Société de Montréal : celle d'établir un poste dans l'île du même nom. Il s'en acquitte fidèlement; il veillera d'ailleurs avec sollicitude et pendant plusieurs années sur le modeste fort en dépit des incursions iroquoises.

Le sieur de Maisonneuve est d'origine champenoise. Il a vu le jour à Neuville-sur-Vanne en 1612, un petit bourg situé à une trentaine de kilomètres à l'ouest de Troyes.

Mais il faut quelqu'un pour prendre soin des malades dans le nouvel établissement, notamment des blessés, car on devine bien que les Iroquois ne donneront que peu de répit aux colons.

En avril 1641 arrive à La Rochelle une pieuse jeune femme qui a résolu d'aller se dévouer au Nouveau Monde. Jeanne Mance a rencontré à Paris une riche veuve, Angélique Faure, marquise de Bullion, qui se dit prête à doter Montréal d'un hôpital, tout comme la duchesse d'Aiguillon l'avait fait dans le cas de Québec. À La Rochelle, donc, Jeanne Mance rencontre par hasard Jérôme Le Royer de La Dauversière, qui a été à l'origine de la Société de Montréal. Et c'est ainsi qu'elle part pour la lointaine Nouvelle-France en compagnie du sieur de Maisonneuve.

Comme lui, Jeanne Mance est Champenoise. Elle a vu le jour en 1606 à Langres, aux confins de la Champagne. En cette ville, d'ailleurs, au milieu d'un petit parc, devant la cathédrale, une statue de marbre noir rappelle la mémoire de la première infirmière de Montréal.

Les années s'écoulent, les mariages se célèbrent, des enfants naissent. Il faut les instruire. En 1652, le sieur de Maisonneuve est de passage à Troyes et y revoit sa sœur, qui est religieuse au sein de la congrégation de Notre-Dame; elle y est directrice des externes. Parmi celles-ci, Marguerite Bourgeoys qui, avec des compagnes, le supplie de les amener en Nouvelle-France. Mais le modeste poste de Ville-Marie ne peut assurer l'entretien d'un embryon de communauté. La congrégationniste arrivera seule en 1653. Or, elle aussi est Champenoise: elle a vu le jour à Troyes en 1620.

On comprend maintenant ce qu'écrivit le sieur de Maisonneuve: *J'amène une excellente fille qui sera d'un puissant secours au Montréal. Au reste, c'est encore un fruit de cette Champagne qui semble vouloir donner à ce lieu plus que toutes les autres provinces réunies ensemble*. C'était le 22 septembre 1653.

Cette citation, on la retrouve burinée dans le marbre, au bas d'une plaque qui, à Troyes, capitale de la Champagne, orne la vénérable église Saint-Jean où fut baptisée la première institutrice de Montréal.

RÉSOLUTION

Il n'y a point d'autre parti à prendre que de bien aiguiser son épée!

Le sieur de Beaucours, au gouverneur de Vaudreuil

Il est étonnant de constater à quel point les nouvelles circulaient en Nouvelle-France, alors que le canot d'écorce demeurait le seul moyen de transport. Il faut dire que les autochtones se déplaçaient beaucoup, que plusieurs venaient en contact avec les établissements français et anglais, et que la discrétion n'était pas leur principale vertu.

En 1690, l'amiral Phipps avait vainement sommé Frontenac de capituler; il s'était retiré avant que l'hiver ne vînt coaguler la surface du fleuve. Vingt ans plus tard, les Anglais préparaient une autre tentative. Leurs établissements de la côte atlantique s'efforçaient d'enrégimenter la participation des Iroquois. Il n'en fallait pas plus pour que les Français fussent informés du projet. Il devait s'agir, voulait la rumeur, d'une invasion par terre et par mer. Ces bruits atteignaient Québec sporadiquement depuis déjà deux ans lorsqu'au printemps de 1711, ils se confirmèrent au point où le gouverneur de Vaudreuil décida de consolider les fortifications de la ville.

Il fit mander le sieur Jean-Maurice-Josué Boisberthelot de Beaucours, qui assumait le rôle d'ingénieur des fortifications et travaillait alors à la construction du fort de Chambly. Lorsque le gouverneur lui demanda ce qui pourrait être fait pour mettre Québec davantage à l'abri d'une attaque, le sieur de Beaucours, constatant l'urgence de la situation, lui répondit: *Il n'y a point d'autre parti à prendre pour combattre l'ennemi que de bien aiguiser son épée: il n'est plus temps d'élever des fortifications!*

Il se mit tout de même résolument à l'œuvre, mais rien, pourtant, ne vint troubler les travaux.

Le gouverneur de Vaudreuil avait été bien renseigné. Au mois d'août, le sieur François Margane de Lavaltrie arrivait du Labrador, porteur d'une lettre du ministre Pontchartrain, annonçant qu'une flotte considérable avait quitté l'Angleterre pour assiéger la ville. Le messager se rembarqua pour le Labrador. Le 1er octobre, alors qu'il atteignait l'île aux Oeufs, il aperçut les débris de huit gros transports et, sur la grève, quelque quinze cents cadavres!

On peut se demander si la flotte qui remontait le fleuve n'aurait pas sonné le glas de la présence française en Nouvelle-France, car elle se composait de soixante-dix-huit navires de haut bord, et l'amiral Walker, qui la commandait, disposait de douze mille hommes! Ce naufrage sonna plutôt celui de l'entreprise. Walker n'alla pas plus haut.

Et le sieur de Beaucours mena ses travaux à la plus grande satisfaction du gouverneur. La population ne se fit pas tirer l'oreille pour participer aux corvées, et comme les coffres de la colonie n'étaient pas suffisamment garnis, les marchands prêtèrent cent cinquante mille livres avec *la meilleure grâce du monde*. En 1712, le sieur de Beaucours était nommé ingénieur en chef de la colonie.

Le temps est arrivé de fondre nos cuillers pour en faire des balles !

Wolfred Nelson

L'assemblée tenue à Saint-Charles, sur les bords de la Richelieu, le 23 octobre 1837, fut sans doute la plus importante de celles qui précédèrent la résistance armée des disciples de Papineau. Chose étonnante, celui qui la présida s'appelait Wolfred Nelson, un nom qui n'a rien de francophone. C'était un médecin qui avait grandi à Sorel, côte à côte avec les officiers britanniques chargés de la défense de cet avant-poste. Affecté par la suite à un bataillon de miliciens basé au village de Saint-Denis, il apprit à apprécier les Canadiens de vieille souche.

Dans ma jeunesse, expliquait-il plus tard, j'étais un ardent tory et j'étais porté à détester tout ce qui était catholique et canadien-français, mais une connaissance plus intime de ces gens changea mes vues. Non seulement les changea-t-elle, mais il devint un ardent défenseur des idées réformistes que prônaient Papineau et son aréopage.

Le grand tribun électrisait les foules. Il était au zénith de sa popularité. Ce jour-là, on estime à cinq ou six mille le nombre des Patriotes qui étaient accourus à Saint-Charles pour l'entendre, venus des comtés de Richelieu, de Saint-Hyacinthe, de Rouville, de Chambly, de Verchères et de l'Acadie, d'où le nom sous lequel ce rassemblement allait passer à l'histoire : l'Assemblée des six comtés.

Nelson condamna violemment les mesures antidémocratiques qui avaient été mises de l'avant par le gouvernement dans le but de calmer l'agitation politique. *Quand une forme de gouvernement, quelle qu'elle soit, devient destructice*, dit-il, *c'est le droit du peuple de la modifier ou de l'abolir*. Le gouverneur général avait interdit les réunions publiques.

Comme toujours, la foule ménagea à Papineau un accueil presque délirant. Celui-ci, probablement conscient de ce que sa fougue oratoire risquait peut-être de pousser ses partisans à la plus grande extrémité, fit preuve d'une certaine modération en recommandant que l'agitation ne se manifestât que sur le terrain constitutionnel.

Ce fut alors que, dit-on, Nelson s'écria :

– *Eh bien, moi, je diffère d'opinion avec M. Papineau : je prétends que le temps est arrivé de fondre nos cuillers pour en faire des balles !*

Un autre médecin, le docteur Côté, de L'Acadie, surenchérit :

– *Le temps des discours est passé, c'est du plomb qu'il faut envoyer à nos ennemis, maintenant !*

Au nombre des citoyens qui secondèrent treize propositions adoptées à la fin de l'assemblée se trouvaient une demi-douzaine de médecins.

On sait le reste. Dans la nuit du 22 novembre, deux brigades quittaient Chambly et Sorel pour attaquer les villages de Saint-Charles et Saint-Denis. Les Patriotes remportèrent la victoire à Saint-Denis, mais furent taillés en pièces à Saint-Charles. Nelson commandait à Saint-Denis. Il fut, reconnurent les autorités militaires, *de loin plus décidé et plus actif que ses frères dans la trahison*.

Je vous permets de me tuer si vous me voyez fuir !

Jean-Olivier Chénier

Choisir entre les termes de courage, d'audace, de témérité et de résolution pour définir la réponse que le Dr Chénier fit à certaines de ses recrues lors du combat de Saint-Eustache est un défi difficile à relever, selon que l'on se trouve en face d'un admirateur de l'action des Patriotes ou d'un pragmatique qui la juge pure folie.

Lorsque l'agitation s'empare du Bas-Canada, Chénier figure au nombre des plus irréductibles pourfendeurs du régime en place. À Sainte-Scholastique, le 1er juin 1837, il prononce un discours enflammé et s'écrie, avec toute la conviction qui le brûle : *Suivez-moi, et je vous permets de me tuer si jamais vous me voyez fuir !* Il n'en donnera l'occasion à personne.

En octobre, Louis-Joseph Papineau et son fils, Amédée, dînent chez le docteur. Plus tard, Amédée Papineau écrira avec émotion : *En le quittant, je serrai la main du héros, du martyr, pour la dernière fois*. Le 25 du même mois, il est à l'assemblée de Saint-Charles, où il brandit avec fierté la bannière du comté des Deux-Montagnes.

La sanglante défaite des Patriotes à Saint-Charles n'ébranle pas sa résolution. C'est en vain que le curé de Saint-Eustache, messire Paquin, tente de calmer son exaspération : il lui répond que l'on peut aussi bien tenter de prendre la lune avec ses dents, ajoutant : *Dans tous les cas, je suis prêt à mourir les armes à la main plutôt que de me rendre ; autant vaudrait essayer de calmer la mer en fureur que de vouloir m'arrêter !* Peut-être le succès de Saint-Denis a-t-il galvanisé sa résolution.

Le 13 décembre, le curé de Saint-Benoît, qui a épousé, lui, la cause de l'insurrection, visite le camp de Saint-Eustache et exhorte les Patriotes à persévérer courageusement dans la voie qu'ils ont choisie. Quand messire Paquin décide de partir pour Montréal, Chénier l'arrête : *Vous devriez être à notre tête quand nous combattrons pour nous donner l'absolution*.

En fin de matinée, le 14, des sentinelles annoncent à Chénier qu'une armée de baïonnettes scintillant au soleil s'avance vers le village. C'est l'avant-garde de deux mille soldats réguliers et miliciens accompagnés de neuf pièces d'artillerie et de cent vingt cavaliers.

Chénier n'a rallié que deux cent cinquante hommes. Plusieurs lui demandent : *Qu'allons-nous faire ? Nous n'avons pas d'armes ! — Il y en aura de tués*, répond Chénier, *vous prendrez leurs fusils !*

Inutile de décrire l'action. De l'église canonnée puis incendiée, les Patriotes se réfugient au cimetière. Deux balles couchent Chénier.

Il y eut autopsie. On prétendit que le cœur de Chénier fut promené au bout d'une baïonnette dans le village, mais rien ne le démontre. *Si c'était vrai*, devait plus tard écrire L.-O. David, *les soldats auraient dû faire comme les sauvages, qui mangeaient le cœur de leurs victimes pour se donner du courage*.

Gardez vos capots de chat, ça va chauffer !

Léon Trépanier

Lorsque, peu avant la fin de 1939, l'auteur de ces lignes publiait le numéro prospectus d'un nouveau mensuel, *Canadiana, revue du IIIe centenaire*, il était loin de deviner que la Providence lui permettrait, au fil des ans, de lire la prose de trois générations de Trépanier.

À ce moment-là existait une Commission du IIIe centenaire, mise sur pied par les autorités municipales de Montréal avec mission de célébrer en 1942 l'anniversaire de la fondation de la ville. Léon Trépanier avait été nommé directeur général des fêtes. *Bien que chez nous, les périodes naissent et meurent fréquemment*, écrivait-il, *il reste toujours place pour de légitimes entreprises du genre*. Ce qu'il ne pouvait alors prévoir, c'est que *Canadiana* devait s'inscrire dans la nécrologie des publications québécoises parce que la guerre allait réduire à leur plus simple expression les célébrations prévues pour 1942. Espérons que celles auxquelles l'on songe pour 1992 se dérouleront sous le signe de la paix!

Membre du Conseil municipal, Léon Trépanier avait tout d'abord été journaliste. Il avait été le directeur des informations au *Devoir* ; c'est lui qui y avait accueilli le jeune journaliste Victor Barbeau et lui avait offert un salaire de... sept dollars par semaine, ce qui était *honnête* pour l'époque. Beaucoup plus tard, nous devions retrouver Léon Trépanier à *la Patrie*, où il signait des articles de vulgarisation dans le domaine de l'histoire, et au poste CKAC, où il poursuivait semblable objectif sous la rubrique *On veut savoir*. Son fils, Jacques, devait embrasser la même profession à *la Patrie*, où il exerça son *métier* pendant de longues années. De nos jours, un petit-fils, François, demeure fidèle à la tradition familiale : dans *la Presse*, ses reportages nous promènent à travers le monde.

Henri Bourassa, le fondateur du *Devoir*, regardait un peu de haut les rédacteurs de son journal. Un matin d'hiver, Léon Trépanier et ses confrères n'en peuvent plus de frissonner. Il fait un froid de loup, tel qu'il devient impossible de tenir une plume : les dactylotypes, et encore moins les composantes électroniques, n'équipent pas encore les salles de rédaction.

Gardez vos capots de chat, dit Trépanier à ses rédacteurs, *et attendons l'arrivée du patron*.

Quand Bourassa arrive et surprend le personnel à ne rien faire, il convoque le directeur des informations. *L'encre gèle dans les encriers*, explique Trépanier. *Impossible d'écrire tant que nous n'aurons pas de bois de chauffage!*

Cette grève, probablement la première à survenir chez les journalistes, se termina dès l'après-midi, avec la livraison de plusieurs cordes de bois, ce qui permit la remise en route des fournaises refroidies.

Et François Trépanier, qui tient cette anecdote de son grand-père, de conclure: *C'est sans doute depuis ce jour-là qu'est devenue si populaire dans le métier cette expression employée lorsqu'un patron n'écoute pas ses employés:* Ça va chauffer!

RÉVOLTE

Des peuples ont reconquis leur indépendance naturelle en faisant boire à la terre le sang de leurs oppresseurs.

Louis-Hippolyte Lafontaine

Certains historiens voulurent faire porter à Louis-Joseph Papineau l'entière et seule responsabilité du déclenchement de l'insurrection de 1837. Pourtant, en examinant de près les actes des chefs de file des Patriotes, on constate que les appels au soulèvement venaient de diverses sources.

Il ne faudra pas minimiser en cela le rôle de Louis-Hippolyte Lafontaine, le principal lieutenant de Papineau. En 1830, les électeurs de Terrebonne l'envoyaient à la Chambre d'assemblée du

Bas-Canada et, quatre ans plus tard, lui renouvelaient son mandat.

On ne se posa pas longtemps de questions sur son appartenance politique : il se fit dès le départ l'ardent compagnon de route des députés les plus passionnés et devint le principal lieutenant de Papineau. Le parti patriote comportait une aile de libéraux réformistes, tenants de l'action révolutionnaire. Lafontaine était de ceux-là. Aussi ne faut-il pas s'étonner de le retrouver place d'Armes, en mai 1832, aux côtés de son chef, au milieu d'une émeute consécutive à l'élection d'un Irlandais, le Dr Daniel Tracey, comme député du comté de Montréal-Ouest. En 1828, ce médecin avait fondé le journal *Vindicator and Canadian Advertiser* dans le but de défendre les Irlandais et d'appuyer les revendications des Canadiens français. Il devait hélas mourir dès la mi-juillet 1832, victime d'une épidémie.

En cette même année 1832, Dominique Mondelet et son frère, Charles-Elzéar, s'étaient opposés à Tracey : il n'en fallait pas plus pour s'attirer la répudiation de la part des éléments radicaux. Deux ans plus tard, le premier acceptait le poste de membre du Conseil exécutif. Cette fois, Lafontaine trempa sa plume dans le vitriol et signa contre les deux frères un pamphlet d'une rare violence : *Les Deux Girouettes, ou l'hypocrisie démasquée*. La principale *erreur* des Mondelet avait probablement été de devenir des adeptes de la modération plusieurs années avant lui.

En février 1837, Lafontaine écrit à Henry Samuel Chapman une lettre qui traduit bien ses sentiments révolutionnaires. Chapman, fondateur à Montréal du *Daily Advertiser*, premier quotidien publié en Amérique du Nord britannique, est un réformiste militant. *Des peuples ont reconquis leur indépendance naturelle en recourant aux armes et en faisant boire à la terre le sang de leurs oppresseurs*, écrit Lafontaine. Mais, ajoute-t-il, pour *remuer les peuples*, il ne faut pas se contenter d'agiter des questions abstraites : il faut toucher à la partie sentimentale, la bourse. Aussi proposera-t-il l'abolition des droits seigneuriaux.

Lafontaine accompagne Papineau à toutes les assemblées houleuses qui préparent l'insurrection, mais les deux hommes se rendent compte à Saint-Denis que la situation explosive résultant en partie de leur action politique se terminera dans un bain de sang. Tous deux voudront, à leur manière, freiner l'allumage de cette traînée de poudre, mais il est trop tard. Comme l'apprenti sorcier, ils ne peuvent conjurer le sentiment de révolte qui balaye la vallée de la Richelieu et le comté des Deux-Montagnes.

SACRIFICE

Il n'y a pas de mois où notre livre des morts ne soit marqué en lettres rouges.

Dollier de Casson, au sujet des incursions iroquoises

Le sulpicien Dollier de Casson n'est arrivé en Nouvelle-France, pour un premier séjour, qu'en septembre 1666. Le poste de Ville-Marie existe depuis déjà vingt-quatre ans. Il n'a donc pas été un témoin oculaire des massacres dont les premiers *Montréalistes* ont souvent été victimes. On peut croire qu'il a eu l'occasion de s'entretenir avec le fondateur, Chomedey de Maisonneuve, rentré en France l'année précédente, et qui a élu domicile chez les pères de la Doctrine chrétienne; de nos jours, une plaque, au 73 de la rue du Cardinal-Lemoine, à Paris (V^{e} arrondissement), indique d'ailleurs où le personnage est décédé.

Quoi qu'il en soit, le missionnaire a sûrement rencontré quelques-uns des survivants de la première heure, de sorte que, lorsqu'il rédige le manuscrit de son *Histoire du Montréal*, ce qu'il rapporte a valeur de témoignage.

C'est seulement en 1844 que l'archiviste Margry découvrit ce document à la bibliothèque Mazarine, à Paris. Or, en cette même année, l'Assemblée législative du Bas-Canada avait voté des fonds pour que l'on copiât, en France, des pièces ayant trait à l'histoire de la colonie française d'Amérique.

Voilà comment Louis-Joseph Papineau, profitant de l'amnistie accordée aux Patriotes de 1837-1838 dont la tête avait été mise à prix, rentra au Canada avec cette transcription dans ses bagages. Il semble que Dollier de Casson ait écrit son *Histoire du Montréal* en 1672; soulignons que Jeanne Mance et Marguerite Bourgeoys vivaient encore: elles décédèrent à Montréal, la première en 1673 et la seconde, en janvier 1700.

Les Hollandais d'Orange (aujourd'hui Albany, N.Y.) armaient le bras des Iroquois: ils leur donnaient des arquebuses contre des fourrures. C'était par la rivière Richelieu que les guerriers emplumés débouchaient sur le Saint-Laurent. Dès 1642, d'ailleurs, le gouverneur de Montmagny avait fait ériger un fort à son embouchure, car le lac Saint-Pierre était devenu leur plaque tournante.

Les *Montréalistes* ne sauraient demeurer confinés à l'intérieur du fortin, il leur faut cultiver la terre pour survivre, et c'est le mousquet sous le bras qu'ils font leurs semailles, soignent leurs plants et récoltent le fruit de leur labeur.

Mais les Iroquois sont omniprésents. Ils ont décimé les Hurons et se tournent vers les Français. *Il n'y a pas de mois cet été*, rapporte Dollier de Casson, *où notre livre des morts ne soit marqué en lettres rouges par les mains des Iroquois; il est vrai que de leur côté, ils y perdirent bien plus de gens que nous, mais comme leur nombre était incomparablement plus grand que le nôtre, les pertes aussi nous étaient plus considérables qu'à eux.*

C'est donc en lettres de sang que s'inscrivent dans le registre des morts le sacrifice des pionniers qui avaient cru en la pérennité d'une *folle entreprise*.

Je quitterais le pays pour servir contre les Turcs si je n'y croyais pas mourir !

Lambert Closse

Je ne suis venu ici qu'afin d'y mourir pour Dieu en le servant dans la profession des armes ; si je n'y croyais pas mourir, je quitterais le pays pour aller servir contre les Turcs et n'être pas privé de cette gloire. Cette remarque de Lambert Closse à ceux qui lui reprochaient de trop s'exposer dans les escarmouches avec les Iroquois, c'est Dollier de Casson qui la rapporte dans son *Histoire du Montréal*. Il ne l'a pas cueillie sur les lèvres mêmes du personnage puisque lors de son arrivée à Ville-Marie, le brave major était décédé quatre ans et demi plus tôt, mais il la tenait sans doute de *Montréalistes* qui l'avaient entendue.

On croit que Closse, marchand et tabellion, arriva dans la colonie en 1647. Le sieur de Maisonneuve en fit le sergent-major de la garnison, et c'est à lui qu'il confia le commandement de la place quand il retourna en France, en 1655.

Les historiens s'entendent pour décerner à Closse le titre de sauveur de Montréal. La pression iroquoise fut telle, à un moment, que l'on songea à abandonner complètement le poste de Ville-Marie. En 1651, il n'y reste plus qu'une cinquantaine de colons. Closse, par sa bravoure, galvanise les courages. Il n'hésite pas à exposer sa vie pour protéger le fortin. Il fait preuve d'autant de présence d'esprit que de hardiesse. Il a même dressé des chiens pour le dépistage des Iroquois qui se dissimulent derrière les arbres. Voilà pourquoi le sculpteur Philippe Hébert l'a immortalisé dans le bronze avec sa chienne *Pilote* sur le socle de la statue de Maisonneuve, place d'Armes, à Montréal. Cette éclaireuse canine avait même appris à mordre les récalcitrants qui hésitaient à entreprendre leur ronde ou musardaient en cours de route. C'est Faillon, dans son *Histoire de la colonie française*, qui nous l'apprend.

À l'automne de 1652, Closse sauve Ville-Marie une première fois, à la tête de vingt-quatre compagnons, tuant plusieurs Iroquois et en blessant trente-sept *parfaitement estropiés*.

Trois ans plus tard, les Iroquois fondent sur l'île aux Oies, en face de Montmagny, assassinent le couple Moyen et enlèvent leurs deux filles, Élisabeth et Marie, qu'ils gardent captives. Le sergent-major offre d'échanger des prisonniers contre les deux jeunes Françaises. C'est ainsi que, le 12 août 1657, il épouse Élisabeth Moyen ; il a trente-neuf ans et elle, seize. Comment aurait-elle pu lui refuser sa main?

Mais Lambert Closse devait un jour payer la rançon de sa bravoure. C'était le 6 février 1662. Avec vingt-six hommes, il tient tête à deux cents Onnontagués. Le combat a débuté le matin. Au milieu de l'après-midi, il se trouve tout à coup isolé à cause de la défection d'un domestique attaché à son service. Il décharge ses deux pistolets, mais avant de pouvoir les recharger, une balle l'atteint de plein fouet.

Le père Jérôme Lalemant, supérieur des jésuites, rendit hommage à son dévouement. *Nous devions cet éloge à sa mémoire*, ajoutait-il, *puisque Montréal lui doit la vie*.

Laissez l'espace nécessaire pour la corde !

Chevalier de Lorimier

Nous évoquons ailleurs l'insurrection de 1837-1838. Douze des Patriotes jetés en prison devaient monter à l'échafaud : deux le 23 décembre 1838, cinq le 18 janvier 1839 et cinq autres le 15 février suivant. Parmi ceux-ci, Marie-Thomas Chevalier de Lorimier.

Né en 1805, Chevalier de Lorimier était promu à une belle carrière. Tout semblait lui sourire, mais il était, écrivait plus tard L.-O. David, *de cette éternelle famille des martyrs qui meurent, depuis que le monde existe, pour toutes les saintes causes, la patrie, la liberté, le bonheur, le progrès de l'humanité*.

Il avait généreusement embrassé la cause des Patriotes, de façon militante. Toujours au premier rang des défenseurs de la lutte incessante que les tribuns menaient dans la Chambre d'assemblée du Bas-Canada contre une bureaucratie intolérante, il fut transporté d'enthousiasme par les discours de Louis-Joseph Papineau.

En 1837, il fut de toutes les assemblées. Le 14 décembre, il était aux côtés de Chénier à Saint-Eustache et tenta en vain de le convaincre de mettre bas les armes, jugeant toute résistance vouée à l'échec.

Passé aux États-Unis pour échapper à un mandat d'arrestation, il franchit plusieurs fois la frontière afin de soutenir le courage des insurgés et de tenter de les approvisionner en armes et minutions. Un matin de novembre (1838), il était arrêté près de la frontière et conduit à la prison de Montréal. Lui et neuf compagnons subirent un procès de neuf jours. Tous furent condamnés à mourir sur l'échafaud, mais Chevalier de Lorimier devait être le seul à en gravir les marches.

Ce fut l'un des neuf autres, F.-X. Prieur, qui demeura à ses côtés au cours des derniers moments et lui fit l'ultime toilette des condamnés. Quand il lui passa au cou une petite cravate blanche, Chevalier de Lorimier lui dit: *Laissez l'espace nécessaire pour la corde*.

Prieur lui demanda un mot *pour souvenir*. Le condamné lui en laissa un, juste avant l'instant fatidique: *Que voulez-vous que je vous écrive, je pars pour l'échafaud. Soyez courageux, je meurs votre ami*.

Pendant la nuit, il avait écrit un émouvant testament politique. *Le mort*, rappelait-il, *ne parle plus, et la raison d'État qui me fait expier sur l'échafaud ma conduite politique pourrait bien forger des contes à mon sujet*.

Chevalier de Lorimier assure que depuis près de vingt ans, c'est avec conviction et sincérité qu'il a joué un rôle actif au sein des mouvements populaires. La mort a décimé ses collaborateurs, plusieurs gémissent dans les fers, d'autres ont été exilés. *Malgré tant d'infortune, mon cœur entretient encore du courage et des espérances pour l'avenir*. Ses enfants, croyait-il, verraient des jours meilleurs, seraient libres. *Pour eux, je meurs en m'écriant Vive la Liberté, vive l'Indépendance!*

SUPERBE

Je n'ai point de réponse à faire à votre général que par la bouche de mes canons !

Frontenac, à l'émissaire de Phipps

Il y a un demi-siècle, pas un seul écolier n'ignorait ce mot historique : il figurait dans tous les manuels ! Peut-être cependant n'est-il pas superflu de le rappeler ici, car l'enseignement a beaucoup changé !

Le gouverneur de Frontenac ne manquait pas de superbe. Quand on est filleul de roi et rejeton de grandes familles, il est parfois tout naturel de regarder les gens avec morgue.

Au début d'octobre 1690, un Abénaquis arrive à Québec, porteur d'une importante nouvelle : une flotte composée d'une trentaine d'unités a quitté Boston pour venir assiéger la ville.

Le gouverneur, qui séjourne à Montréal, rentre en toute hâte et entreprend de consolider les fortifications.

Le matin du 16 octobre, les trente-quatre vaisseaux ennemis sont ancrés devant Québec et le long de l'île d'Orléans. Une chaloupe arborant pavillon blanc se détache du navire amiral. Aussitôt, quatre embarcations quittent la basse ville pour se porter au-devant de l'émissaire, le lieutenant-capitaine Thomas Savage, à qui on bande les yeux et que l'on conduit auprès du gouverneur. L'amiral Phipps somme Frontenac de rendre la place, *au nom de leurs Très Excellentes Majestés Guillaume et Marie, roi et reine d'Angleterre, d'Écosse, de France et d'Irlande, défenseurs de la Foi*. Et pour éviter toute effusion inutile de sang, l'amiral demande *que vous ayez à rendre vos forts et châteaux sans être démolis, comme aussi toutes les munitions sans y être touchées*.

Frontenac a raison de sursauter en entendant cela. Jacques II, roi d'Angleterre, a dû s'enfuir en France, deux ans plus tôt, à cause de son gendre, Guillaume d'Orange, qui partage maintenant la couronne d'Angleterre avec Marie II, et il vient d'entrer en lutte avec la France dans la guerre de Succession du Palatinat.

Tirant une montre de sa poche, Savage dit :

– *Il est dix heures. Avant onze heures précises, vous voudrez bien me renvoyer avec votre réponse.*

– *Je ne vous ferai pas tant attendre*, dit aussitôt le gouverneur. *Dites à votre général que je ne connais point le roi Guillaume, et que le prince d'Orange est un usurpateur qui a violé les droits les plus sacrés du sang en voulant détrôner son beau-père ; que je ne sais en Angleterre d'autre souverain que le roi Jacques.*

Et Frontenac ajoute que le roi de France est prêt à replacer Jacques II sur son trône par la force des armes. Savage lui demande s'il ne lui donnerait pas une réponse.

– *Non, je n'ai point de réponse à faire à votre général que par la bouche de mes canons et à coups de fusil : qu'il apprenne que ce n'est pas de la sorte qu'on envoie sommer un homme comme moi !*

Après neuf jours de siège, la flotte anglaise refit voile vers la mer.

Qu'il vienne lui-même chercher les clefs !

Subercase, à l'émissaire de Nicholson

En 1706, l'Acadie accueille un nouveau gouverneur : Daniel d'Auger de Subercase. Port-Royal est fort mal en point : aux difficultés de gestion s'ajoute le piteux état des ouvrages défensifs qui, minés par les pluies, s'affaissent ! C'est dans de telles conditions que Subercase, quelques jours après son entrée en poste, parvient à repousser un premier assaut tenté par le colonel John March à la tête de seize cents hommes, un contingent venu de Boston.

Deux mois plus tard, March revient à la charge avec six cents hommes de renfort, mais, devant la résistance qui l'accueille, il n'a d'autre choix que de se rembarquer.

La cour marque son appréciation à l'égard du gouverneur, mais elle ne fait à peu près rien pour renforcer la place : il devra même vendre son propre service de table en argent pour payer le coût des réparations que le fort nécessite !

En 1710, une autre flotte anglaise paraît devant Port-Royal. Cinq régiments s'apprêtent à débarquer sous le commandement du général Francis Nicholson.

Subercase ne dispose en tout et pour tout que d'environ trois cents hommes. Mais il ne permettra pas à l'ennemi de s'emparer de la place sans coup férir. À la sommation qu'il reçoit de Nicholson, il fait répondre : *Qu'il vienne lui-même chercher les clefs !* Réédition sous une autre forme de la fière attitude du gouverneur de Frontenac à l'endroit de l'amiral Phipps, vingt ans plus tôt. Mais le rapport des forces n'est pas le même, et les clefs, c'est Subercase qui ira les remettre en mains propres au colonel Samuel Vetch, qui détient déjà une commission de lieutenant-gouverneur de la Nouvelle-Écosse.

Le gouverneur se rend bien compte que le fort ne saurait résister longtemps et il souhaite épargner à ses hommes un sacrifice inutile. Avec l'accord de ses officiers, il accepte de capituler honorablement, sans pour cela reconnaître quelque droit que ce soit aux Anglais sur l'Acadie. Les deux parties acceptent de négocier par le truchement d'officiers prisonniers, à raison de deux dans chaque cas.

Nicholson n'abuse pas de sa nette supériorité : le premier article de la capitulation prévoit que la garnison sortira en ordre de bataille avec armes et bagages, au rythme des tambours et drapeaux déployés. Tous les autres articles s'imprègnent de générosité.

Au jour dit, Subercase se porte à la rencontre de Nicholson, chacun flanqué de son état-major. *Monsieur*, dit Subercase, *je suis fâché du malheur du roi, mon maître, de la perte d'un fort aussi important et des territoires environnants ; mais je m'estime heureux de tomber entre les mains d'un général aussi noble et généreux. Je vous remets les clefs du fort et de tous les magasins, avec l'espoir de vous faire une visite au printemps prochain*. La guerre en dentelles n'avait pas encore perdu ses droits !

Port-Royal devenait Annapolis Royal, en l'honneur d'Anne Stuart, reine d'Angleterre, d'Écosse et d'Irlande.

URBANITÉ

Après vous avoir fait brûler, il serait cruel de vous faire noyer!

Lord Elgin, au docteur L.-H. Masson

Ce médecin était un fils de Saint-Benoît. Il avait appris sa profession auprès du réputé Dr Robert Nelson. Un an avant de recevoir son parchemin, il s'était dévoué sans compter, dans les lazarets de la Pointe-Saint-Charles, au chevet des victimes de la grande épidémie de choléra; c'était en 1832. Il pratiqua ensuite son art à Beauharnois, puis revint dans son village natal, celui de Saint-Benoît, dans le comté des Deux-Montagnes.

À ce moment-là, l'agitation animait la paroisse, présage de l'insurrection de 1837, et le jeune médecin en devint un chef de file. Le 10 juin (1837), il agissait comme secrétaire de la grande assemblée de Sainte-Scholastique. Le 6 août, à la tête d'une centaine de Patriotes, il prenait la parole à l'assemblée de Vaudreuil.

Peu après, des mandats d'arrestation étaient émis contre plusieurs citoyens, et des huissiers se présentèrent à Saint-Benoît pour s'emparer du docteur Masson, mais devant l'accueil menaçant des citoyens, ils se retirèrent précipitamment.

Après la bataille de Saint-Eustache (14 décembre), tout espoir étant perdu, les gens de Saint-Benoît décidèrent de ne pas résister aux soldats de Colborne, et afin de ne pas contribuer par leur présence à une éventuelle destruction du village, — car les vainqueurs brandissaient la torche incendiaire —, le Dr Masson et son frère, Damien, prirent la route des États-Unis, mais on les arrêta près du canal de Beauharnois. La nuit suivante, le commandant du corps de garde qui veillait sur le jeune médecin lui demanda de lui faire une saignée, car il s'était blessé gravement en tombant de cheval, ce dont il s'acquitta consciencieusement.

Le lendemain, on jetait les deux Masson en prison, à Montréal. On devait éventuellement élargir Damien, et en juillet 1838, le médecin et sept autres proscrits étaient exilés aux Bermudes. Mais l'ordonnance qui en avait décidé ainsi était entachée d'irrégularité et, trois mois plus tard, on les libérait, avec défense, cependant, de rentrer au pays.

Le Dr Masson se fixa à Fort Covington, état de New York, et lorsque survint l'amnistie, il s'établit dans la nouvelle paroisse de Saint-Anicet où, tout en pratiquant sa profession, il s'employa à l'essor de la localité. Pendant cinq ans, il tenta d'obtenir le versement d'indemnités aux cultivateurs dont les terres avaient été inondées par la construction de jetées à la tête du canal de Beauharnois.

À cette époque, lord Elgin occupait le poste de gouverneur général du pays. Il n'ignorait pas que beaucoup de citoyens avaient encouru des pertes pendant l'insurrection de 1837-1838. En 1849, il avait fait voter la fameuse loi visant à les rembourser. Il savait bien que les soldats de Colborne avaient incendié la maison familiale des Masson, à Saint-Benoît.

Quand le Dr Masson lui rendit visite à la tête d'une délégation au sujet de ces problèmes d'inondation, il lui dit en souriant : *J'avoue, docteur, qu'après vous avoir fait brûler à Saint-Benoît, il serait cruel de vous faire noyer à présent !*

VERTU

Parmanda, je croyais qu'il me voulait baiser!

Parmanda Primot

Nous sommes en 1652. Ville-Marie, petit poste fondé par le sieur de Maisonneuve, existe déjà depuis une décennie. Pourtant, les Iroquois rôdent toujours sous ses murs. Les colons ne peuvent s'adonner à la culture sans garder un fusil à leur portée.

Au cours de l'été, une citoyenne, *une femme de vertu qu'on nomme présentement la bonne femme Primot*, fut surprise par des Iroquois à seulement deux portées de fusil de la palissade. Elle jeta un *cri de force* et trois guerriers se précipitèrent aussitôt sur elle, brandissant des haches. Elle n'avait que ses mains et ses pieds pour se défendre. Il fallut trois ou quatre coups pour vaincre sa force.

Elle n'était pas sitôt étendue, sans connaissance, que l'un de ses assaillants se jetait sur elle pour lui lever la chevelure. Elle reprit instantanément ses sens, se releva et *saisit ce cruel avec tant de violence par un endroit que la pudeur nous défend de nommer, qu'à peine se put-il jamais échapper, il lui donnait des coups de hache par la tête, toujours elle tenait bon jusqu'à ce que derechef elle tomba évanouie par terre et par sa chute elle donna lieu à cet Iroquois de s'enfuir au plus vite, ce qui était l'unique chose à laquelle il pensait pour lors.*

D'ailleurs, les hommes accouraient du fort pour lui prêter main-forte. Il se passa alors *quelque chose d'assez plaisant*. On la releva, et l'un des colons, obéissant sans doute à un sentiment assez compréhensible de compassion, la prit dans ses bras. Ce fut suffisant pour la ranimer et elle *déchargea un grand soufflet à ce client affectueux.*

– *Que faites-vous donc ?* lui demanda-t-on. *Cet homme vous témoigne amitié sans penser à mal. Pourquoi le frappez-vous ?*

– *Parmanda*, répondit-elle, *je croyais qu'il me voulait baiser !*

C'est le sulpicien Dollier de Casson qui nous rapporte cette anecdote dans son *Histoire du Montréal*, un ouvrage trouvé à l'état de manuscrit à la bibliothèque Mazarine, à Paris, par Margry, en 1844.

Et Dollier de Casson d'ajouter : *C'est une chose étonnante, les profondes racines que jette la vertu lorsqu'elle se plaît dans un cœur : son âme était prête à sortir, son sang avait quitté ses veines et la vertu de sa pureté était encore inébranlable dans son cœur*. Dès lors, on ne la désigna plus que par le surnom de *Parmanda*.

Soulignons que c'est Louis-Joseph Papineau, rentrant d'exil, qui apporta la transcription du manuscrit de Dollier de Casson à Montréal, en 1845.

Nous n'avons pas la main assez grande pour couvrir nos nudités.

Des Iroquoises, à l'ingénieur Pouchot

Le journal que Bougainville tint pendant son séjour en Nouvelle-France, où il était arrivé en 1756 comme aide de camp de Montcalm, est plein d'intérêt, car c'était un observateur sagace, et un fin lettré au solide jugement. Le compte rendu des actions militaires s'émaille d'anecdotes parfois amusantes : il ne manquait pas non plus d'esprit.

Au printemps de 1757, Bougainville était au fort de La Présentation, qu'avait fondé le sulpicien François Piquet dans le but de gagner la faveur des Iroquois à la cause française. Ce bourg allait devenir l'actuelle ville d'Ogdensburg, État de New York. Or, l'officier constata que les Iroquois tenaient compte de l'opinion des femmes, qui prenaient part à la politique de la tribu. Le 26 avril, les Iroquois tinrent conseil à La Présentation ; y assistaient deux des leurs que le sulpicien avait conduits à Paris, puis ramenés chez eux. *Ils étaient vêtus à la française de pied en cap*, écrit Bougainville. *Pierre, l'un d'eux, portait la veste que lui a envoyée M. le Dauphin. Il m'a semblé voir Arlequin sauvage en perruque blonde et en habit galonné.*

Le conseil se composait de douze chefs de village, de six chefs de guerre et de douze femmes. C'est avec gravité que celles-ci prirent part aux délibérations. *Elles ont, au reste*, remarque Bougainville, *le même crédit parmi les sauvages que les matrones avaient autrefois chez les Gaulois et les Germains.*

Et les Iroquoises savaient aussi défendre leurs intérêts. Peu avant, l'ingénieur Pierre Pouchot était de passage au fort Niagara et prenait connaissance de leurs doléances. *Les dames du conseil*, rapporte Bougainville, *l'ont prié d'avoir pitié d'elles ; que, puisque leurs jeunes gens allaient en guerre, il fallait qu'il leur fournît leurs besoins ; qu'elles n'avaient pas la main assez grande pour couvrir leurs nudités, et qu'il ne serait pas honnête qu'elles les montrassent.*

Et René de Kerallain, auteur d'une biographie de Bougainville, d'ajouter: *On conçoit qu'un appel fait en ces termes à la bourse du Roi ne devait point rester inutile et les donzelles ne pouvaient mieux s'y prendre qu'en mettant le brave et galant capitaine dans la nécessité d'ouvrir l'oreille, sous peine de fermer les yeux.*

Bougainville rend volontiers justice aux aborigènes, mais ne peut admettre leur cruauté à l'égard des prisonniers. Après la victoire de Carillon, pas mal de soldats anglais étaient entre leurs mains et Montcalm obtint que ceux-ci fussent épargnés et conduits à Montréal. Mais les prisonniers constituaient un bien de guerre, une monnaie d'échange, et l'on promit de remettre contre eux des « couvertes » et du pain. Dès lors, les Indiens firent *des visites fort tendres à leurs prisonniers, les caressant, leur portant du pain blanc. Cependant, ils en ont mangé un.* Et Bougainville de conclure: *Point de milieu avec ces barbares: ou des cruautés inouïes, ou les meilleurs traitements qu'ils puissent imaginer.*

INDEX ONOMASTIQUE

Achevé d'imprimer au Canada
Imprimerie Gagné Ltée Louiseville